COLLISION

DU

"SAINT-GERMAIN" ET DU "WOODBURN"

SES CONSÉQUENCES

LÉGISLATION ANGLAISE ET PROCÉDURE
JUGEMENT
CONSIDÉRATIONS SUR LA COMPAGNIE GÉNÉRALE TRANSATLANTIQUE
CONTROLE EFFICACE
RÉFORMES A APPORTER AU RÈGLEMENT INTERNATIONAL
SUR LES ABORDAGES, ETC.

Par Albert DU HAILLY

Prix : 3 francs

PARIS

LÉON VANIER, ÉDITEUR
19, QUAI SAINT-MICHEL, 19

1884

COLLISION

DU

"SAINT-GERMAIN" ET DU "WOODBURN"

SES CONSÉQUENCES

10307. — PARIS, IMPRIMERIE A. LAHURE

9, Rue de Fleurus, 9

COLLISION

DU

"SAINT-GERMAIN" ET DU "WOODBURN"

SES CONSÉQUENCES

LÉGISLATION ANGLAISE ET PROCÉDURE
JUGEMENT
CONSIDÉRATIONS SUR LA COMPAGNIE GÉNÉRALE TRANSATLANTIQUE
CONTROLE EFFICACE
RÉFORMES A APPORTER AU RÈGLEMENT INTERNATIONAL
SUR LES ABORDAGES, ETC.

Par Albert DU HAILLY

PARIS

LÉON VANIER, ÉDITEUR

19, QUAI SAINT-MICHEL, 19

—

1884

A

MONSIEUR HENRI BONNAUD

LIEUTENANT DE VAISSEAU

EX-COMMANDANT DU *SAINT-GERMAIN*

Je vous dédie, mon cher ami, cet opuscule, comme un témoignage de haute estime et de sincère affection.

En le lisant, vous vous souviendrez des moments difficiles que vous avez passés et de la rude épreuve que vous avez si courageusement supportée, en accomplissant tout votre devoir.

Votre bien affectionné,

ALBERT DU HAILLY.

Paris, le 1er mars 1884.

PRÉFACE

Le travail que nous soumettons à l'appréciation des marins n'a eu qu'un seul but : la découverte de la vérité dans une question technique qui touche directement aux intérêts vitaux des populations maritimes. Il s'agit de la vie de toutes les personnes qui, à un titre quelconque, soit par profession, soit pour leurs affaires ou leurs plaisirs, ont à mettre le pied sur un navire. — On leur *doit* des garanties et la sécurité. C'est un devoir qu'ont à remplir les membres des parlements qui sont nos législateurs. — Nous plaçons cette étude sous l'égide des députés des cinq arrondissements maritimes, avec l'espérance que les efforts que nous avons faits ne resteront pas complètement stériles. — La loi internationale du 4 novembre 1879 a été faite pour prévenir les abordages à la mer. Elle doit toujours rester ouverte au progrès. — Chaque événement malheureux devrait être étudié avec soin et servir d'enseignement pour l'avenir. Il est nécessaire que l'expérience si chèrement acquise ne soit pas perdue.

Paris, le 1er mars 1884.

ALBERT DU HAILLY.

AVANT-PROPOS

Extrait du *Phare de la Manche* du 2 septembre 1883.

L'ABORDAGE DU *SAINT-GERMAIN*

Nous avons reçu communication d'une lettre datée de Plymouth qui contient sur cet accident des renseignements qu'on lira avec intérêt ; ils émanent, on le verra, d'un témoin oculaire et d'un homme compétent, et sont en tous points conformes au rapport que le capitaine a adressé à la Compagnie générale transatlantique.

Le paquebot *Saint-Germain* était parti du Havre, le samedi 25 août 1883, à 3 heures de l'après-midi. Après avoir pris connais-sance de Barfleur, la Hague et les Casquets, et après avoir déter-miné sa position au nord et à 4 milles des Casquets, le comman-dant donna la route pour sortir de la Manche en passant assez loin de Lizard et des Scilly pour éviter les nombreux navires qui vien-nent atterrir à ces points de la côte anglaise.

A 8 h. 30, il écrivit pour la nuit les ordres suivants :

« La route au N. 65° 0 du compas étalon. Quand on sera par le travers des Casquets, gouverner au N. 67° 0 du compas étalon. Si l'horizon est embrumé et qu'on n'aperçoive pas les Casquets, on mettra la route au N. 67° 0, à 9 h. 30. Me prévenir. Bien veiller les feux de terre qu'on relèvera à 45° et 90° de la route, les navires et nos feux de position. Me prévenir si le temps s'embrume, ainsi que de tout ce qui peut intéresser la navigation. Manœuvrer de bonne heure en cas de rencontre et sans hésiter. Rondes fréquentes. »

Le commandant Bonnaud resta sur le pont-passerelle jusque vers 10 heures. Le temps était magnifique, la mer plate, le ciel clair, l'horizon légèrement embrumé laissant une vue de 4 à 5 milles.

Vers 10 heures, le commandant descendit, mais pour revenir à plusieurs reprises sur la passerelle; enfin à 11 heures et demie, fatigué d'une journée passée en manœuvre et en surveillance, il fit à l'officier de quart les recommandations verbales les plus minutieuses et il vint s'étendre tout habillé sur le lit de sa chambre de veille. A 2 heures il fit une ronde dans les couloirs et, après avoir jeté un dernier coup d'œil à l'horizon, le temps étant toujours le même, il se jeta tout habillé sur son canapé de veille.

Tout à coup le bruit strident d'un sifflet vint l'arracher à son demi-sommeil; quoique n'ayant pas lieu d'être inquiet, puisqu'il n'avait pas été prévenu, le commandant Bonnaud se leva précipitamment et s'élança sur la passerelle. Dans l'échelle, il aperçut un steamer par tribord, A TOUTE PETITE DISTANCE, porteur de feux très clairs indiquant qu'il était remorqueur; il sifflait à coups redoublés. De l'échelle, sans attendre, le commandant cria : « Bâbord toute! Bâbord toute! » se rendant immédiatement compte que s'il évitait le remorqueur, le *Saint-Germain* allait infailliblement être abordé par le remorqué. La barre fut mise aussitôt et le navire obéit rapidement.

Continuant sa course sur la passerelle, le capitaine aperçut droit devant une masse noire, *sans feux*; c'était le navire remorqué; en moins de temps qu'il n'en faut pour le dire, il fit renverser la machine à toute vitesse.

L'ordre : « Machine en arrière à toute vitesse! » suivit de quelques secondes à peine le premier ordre lancé de l'échelle : « Bâbord toute! » Ces deux ordres ont été, on peut le dire, donnés presque simultanément.

Il était trop tard; le *Saint-Germain* abordait le *Woodburn* et lui enlevait, comme avec un couteau, toute la fesse tribord; le *Woodburn* coulait instantanément, entraînant avec lui tout son équipage, dont 11 hommes sur 29 ont pu être sauvés.

Aussitôt la collision, le commandant donnait l'ordre de mettre en marche toutes les pompes d'épuisement, de faire monter tout le monde sur le pont, de disposer les embarcations de sauvetage et de sonder dans les compartiments étanches de l'avant.

Le choc n'avait pas été trop violent, et le capitaine n'avait donné les ordres précédents que par mesure de prudence et croyant ne pas avoir éprouvé de sérieuses avaries.

Mais en quelques instants le *Saint-Germain* tomba sur le nez;

les deux compartiments étanches de l'avant étaient remplis et les pompes ne réussissaient pas à faire baisser le niveau.

Le *Saint-Germain* fut dirigé alors à petite vitesse vers le remorqueur, stoppé sur le lieu du sinistre et occupé à sauver les survivants du *Woodburn*. Dans ce court trajet l'eau monta à 90 centimètres dans le troisième compartiment ; la situation devenait très critique.

Les pompes de la machine, reconnues inutiles dans les deux compartiments de l'avant qui communiquaient avec la mer par des ouvertures considérables, furent mises en communication directe et exclusive avec le 3ᵉ compartiment. — Elles parvinrent à gagner l'eau dans ce 3ᵉ compartiment ; on reconnut que cette eau provenait de trous faisant communiquer le 2ᵉ avec le 3ᵉ compartiment ; ils furent immédiatement bouchés. Assuré qu'il pouvait flotter, si la 2ᵉ cloison étanche tenait bon, mais n'ayant qu'une confiance modérée dans cette suprême ressource, le capitaine fit dire au remorqueur *Recovery* d'accoster pour opérer le transbordement de tous les passagers ; les embarcations ne pouvant, en cas de malheur, contenir que l'équipage.

Le transbordement s'opéra avec ordre et calme ; tout l'équipage fit son devoir, simplement, sans défaillance comme sans ostentation.

Après avoir débarqué ses passagers, le commandant fit couler sur l'avant (en rabattant les extrémités sur les joues du paquebot), la misaine carrée, afin d'amortir le choc dans la marche en avant et de soulager d'autant la cloison qui permettait de flotter.

Cette opération terminée, le *Saint-Germain* fit petite vitesse vers Plymouth d'où il se trouvait à environ 30 milles dans le sud 1/4 sud-ouest ; il arrivait dans ce port à 1 h. 1/2 de l'après-midi, suivi du *Recovery* avec les passagers. Le soir même il entrait dans l'arsenal et le lendemain matin dans le bassin.

Les avaries sont considérables : A tribord, sur une longueur de 20 mètres, les tôles sont enfoncées et béantes : ces déchirures se sont heureusement arrêtées à 30 centimètres de la deuxième cloison étanche.

A bâbord, il y a des trous à passer des bœufs tout entiers.

Le *Saint-Germain*, on le voit, a été à deux doigts de sa perte, et s'il flotte encore, il le doit à deux choses :

1° C'est que de l'échelle de la passerelle, le commandant a fait mettre, sans attendre, la barre pour venir bâbord toute ! Autrement, le *Saint-Germain*, abordé par le travers, était, sans aucun doute, coulé par le *Woodburn*, à en juger par les avaries qu'a reçues le paquebot de la Compagnie transatlantique alors qu'il était l'abordeur.

2° La deuxième raison est que les portes des cloisons étanches de l'avant étaient fermées comme elles le sont chaque soir à 6 heures.

Le récit de cet accident a, on le voit, toute la simplicité d'un journal de bord ; nous l'avons reproduit avec empressement parce que l'abordage a eu lieu non loin de nous et parce que le commandant Bonnaud, lieutenant de vaisseau, est bien connu à Cherbourg ; il y compte des amis qui nous ont parlé de lui dans les termes les plus chaleureux, qui ne tarissent pas d'éloges sur son habileté, son sang-froid et son courage.

M. le lieutenant de vaisseau Bonnaud est un officier de marine fort distingué ; il a commandé en Cochinchine une canonnière ; pendant plus d'un an, il a commandé, pour la Compagnie transatlantique, un paquebot faisant le service de Saint-Nazaire à Colon et il avait été appelé à commander le *Saint-Germain* sur la grande ligne du Havre à New-York à la suite de l'accident du *Saint-Laurent* dont le capitaine, M. le lieutenant de vaisseau Delaplane, a disparu, enlevé par un formidable coup de mer.

Les premiers voyages avaient été excellents. Tout le monde, d'ailleurs, s'accorde à rendre hommage à la résolution, au sang-froid, dont M. le commandant Bonnaud a fait preuve dans cette périlleuse circonstance, et l'amiral anglais sir Houston Stewart, commandant en chef la place de Plymouth, lui a adressé les plus chaleureux éloges.

Nous croyons que ce récit, très exact et très authentique, intéressera vivement tous les marins et surtout ceux qui connaissent et qui apprécient, comme il le mérite, le brave commandant du *Saint-Germain*.

COLLISION
DU SAINT-GERMAIN ET DU WOODBURN

SES CONSÉQUENCES

PREMIÈRE PARTIE
AVANT LE JUGEMENT

CHAPITRE PREMIER

RECHERCHE DES RESPONSABILITÉS EN PRÉSENCE DE LA COLLISION DU *SAINT-GERMAIN* ET DU *WOODBURN*.

On connaît tous les détails de l'abordage du *Saint-Germain* et du *Woodburn*. — Dans cette terrible collision, où un grand navire a péri avec 18 hommes, l'adversaire s'est trouvé également dans le plus grand danger, et le salut des 600 hommes qui se trouvaient à bord a dépendu d'une cloison étanche et du sang-froid d'un homme.

Comment ce triste événement a-t-il eu lieu? A qui incombent les responsabilités? Quelles ont été les fautes ou les négligences commises de part et d'autre? A-t-on obéi au règlement international qui a été fait en vue de prévenir les abordages?

Ces diverses questions présentent, il faut l'avouer, un véritable intérêt non seulement pour les deux compagnies intéressées, mais encore pour les marins, et pour le public qui a été vivement impressionné par ce sinistre et dramatique événement.

Nous allons déterminer le champ de l'abordage et décrire les manœuvres faites, après avoir tout d'abord ouvert et discuté la loi suprême, à laquelle tous les marins sont tenus de se soumettre. Nous émettrons ensuite une opinion indépendante de tout intérêt, de nationalité française ou anglaise, et, surtout, de considérations particulières ou de personnes. Nous ne serons guidé, avant tout, que par le désir de rechercher la vérité et la justice, dans une question technique si délicate.

Le règlement du 4 novembre 1879 a été promulgué, après un accord complet entre les gouvernements de France et de la Grande-Bretagne, et les autres nations maritimes y ont adhéré. Il a été rendu exécutoire à partir du 1er septembre 1880. C'est le fruit d'une longue et rude expérience, et il n'est qu'un simple remaniement du décret du 25 octobre 1862, et des rectifications partielles et successives qui ont été faites en 1869, 1873 et 1874.

Aujourd'hui, on peut bien dire que, malgré quelques lacunes, il constitue la loi suprême en vue de prévenir les abordages, dans les limites de la prévoyance humaine, afin d'arracher au terrible élément, la vie des hommes et leurs richesses. Manquer à cette loi écrite, devient donc au point de vue des responsabilités encourues une chose si grave, qu'il serait superflu d'insister davantage.

La rédaction de ce document est remarquable, par sa précision, sa netteté et sa concision. Tout marin devrait le connaître par cœur non seulement au point de vue du fond, mais aussi de la lettre, qui ne contient pas un seul mot de trop, et ce serait un des meilleurs moyens d'éviter les abordages. Du reste, les instructions du ministre prescrivent de le délivrer gratuitement à tout capitaine, maître ou patron, présent dans un port français. Le rôle d'équipage doit mentionner que cette délivrance a été faite, et, même, chaque fois que le rôle devra être changé, « on s'assurera, dit le ministre, que le navire ou le bateau est pourvu de l'instruction sur les abordages. »

On trouve, dans cette loi internationale, trois sortes de règles qui forment trois chapitres distincts :

1° Les règles concernant les feux ;

2° Les signaux par temps de brume ;

3° Les règles relatives à la route et à la manière de gouverner.

Tout y est clair et d'une prévision admirable, à laquelle on n'a pu arriver qu'après une expérience de 20 années écoulées depuis le règlement du 25 octobre 1862 jusqu'à celui du 4 novembre 1879. Le premier, également international, était le fruit de la tradition et d'une longue expérience maritime.

Passons maintenant à l'abordage, qu'on peut facilement tracer

Plan de l'Abordage du St Germain et du Woodburn.

Le St Germain, en apercevant le feu vert du Recovery, est venu sur Bâbord pour présenter son feu vert au feu vert en vue. — Quand le feu vert du Recovery a été recouvert par Td du St Germain, la barre de ce dernier a été redressée, et même rencontrée, ce qui explique la venue du St Germain sur Td, tout en maintenant le Recovery par tribord à lui. —

Le Woodburn n'avait aucun feu, et a fait, au dernier moment une abattée sur Bd qui a aggravé sa situation. —

sur le papier, pour mieux s'en rendre compte. Le *Recovery*, remorquant le *Woodburn* qu'il conduisait à Londres, en venant de Lisbonne, croisait la route du *Saint-Germain*, qui venait du Havre, pour se rendre à New-York.

Dans la nuit du 25 au 26 août, vers 5 heures du matin, à 50 milles dans le S. 1/4 S. O. de Plymouth, la collision a eu lieu et le *Woodburn* a sombré sur place.

Au point de vue de l'éclairage des feux, le *Recovery* était en règle. Conformément à l'article 4, il portait, outre ses feux de côté (vert à tribord et rouge à bâbord) deux feux blancs brillants placés verticalement au mât de misaine, l'un au-dessus de l'autre; en tout quatre feux.

Le *Woodburn*, au contraire, ne portait aucuns feux, contrairement aux prescriptions de l'article 6 ainsi conçu : « Tout navire à voile qui fait route ou *qui est remorqué*, doit porter les feux indiqués par l'article 5 pour un bâtiment à vapeur en marche, à l'exception du feu blanc qu'il ne doit avoir en aucun cas. »

Le « Woodburn », *dont la machine était hors d'état de fonctionner*, devait être éclairé comme un navire à voile (art. 1er).

Remorqué, il était donc obligatoirement tenu à l'éclairage suivant :

1° A tribord un feu vert ;

2° A bâbord, un feu rouge.

Ainsi donc, le groupe des deux navires anglais, remorqueur et remorqué, attelés l'un à l'autre par de longues remorques, formant ainsi un assemblage, d'une manœuvre lente, difficile et même dangereuse pour les bâtiments qui se trouvaient dans leur voisinage, ce groupe, dis-je, se trouvait pris en flagrant délit d'infraction grave à la loi internationale; au lieu de présenter six feux au dehors, il n'en montrait que quatre, faute capitale qui a été la seule et véritable cause du désastre. C'est tellement vrai, que l'abordage, comme nous le démontrerons plus loin, était de toute impossibilité, si le *Woodburn* avait eu son feu de tribord allumé.

Le *Saint-Germain* avait tous ses feux réglementaires allumés et était en règle.

Nous ne mentionnons que pour mémoire les signaux phoniques, auxquels sont tenus tous les navires, en cas de brume ou de brouillard. Il n'y avait pas lieu d'en user, ni même d'y songer, dans les circonstances de temps où l'on se trouvait, et il n'y a aucuns reproches à adresser, de ce côté, soit aux uns, soit aux autres.

Étudions maintenant les manœuvres et la manière de gouverner.

Le *Saint-Germain* a aperçu à deux quarts de sa route et par bâbord le feu vert d'un navire à vapeur. L'officier de quart a commis la faute de ne pas comprendre que ce bâtiment était remorqueur, car il est bien avéré que le *Recovery* portait ses deux feux blancs brillants du mât de misaine. Disons, tout de suite, que cette erreur n'aurait eu aucunes suites, si le remorqué avait eu ses feux allumés. En effet, on aurait aperçu, du *Saint-Germain*, un second feu vert situé à petite distance et en arrière du premier. Il est évident, par suite, que la manœuvre faite par l'officier de quart, en venant de cinq quarts sur bâbord, pour passer sur l'arrière du remorqueur, c'est-à-dire du premier et *seul* feu vert aperçu, eût été toute différente. Il aurait maintenu la barre pour venir sur bâbord et il aurait passé largement derrière les deux feux verts; mais il n'aurait pas eu l'idée de passer entre les deux, c'est-à-dire de franchir le créneau des deux navires en vue ; et, par suite, l'abordage qui a eu lieu était de toute impossibilité. Cet officier aurait vu et rectifié son erreur et compris, par la force des choses, à l'aspect de ce second feu vert, qu'il avait par bâbord à lui non pas un vapeur isolé, mais bien un groupe composé d'un remorqueur et d'un remorqué.

On ne met pas le cap *entre* deux feux verts, on ne court pas volontairement à sa perte, on ne cherche pas à croiser la route et à passer en avant d'un second feu vert, pour se faire aborder par le travers de bâbord. On est contraint d'obéir à la loi naturelle de la conservation de la vie non pas seulement de celle du chef qui ordonne en maître, mais des 600 existences qui veillent elles-mêmes et qui auraient poussé un cri de terreur et d'angoisse tel, que le *Saint-Germain* aurait abandonné magiquement cette direction néfaste qui menait droit à la tombe. Non, non, jamais, au grand jamais, quoi qu'on fasse, qu'on le veuille ou qu'on ne le veuille pas, que le chef soit criminel ou qu'il ait perdu la raison, s'il y a 600 personnes vivantes à bord d'un paquebot, il n'y a pas de puissance humaine, ni même de fatalité, qui soit capable de permettre à ce navire de diriger sa route entre *deux feux verts visibles à l'horizon* et rapprochés l'un de l'autre.

S'il en est ainsi, quel est l'auteur du mal, quelle est la véritable cause du désastre? la seule, l'unique, celle qui par suite de la responsabilité morale qu'elle doit éveiller dans une âme loyale de marin, nous paraît capable, au jour du jugement de l'amirauté anglaise, de faire s'élever du gouffre une voix autorisée et solennelle, qui viendra faire résonner aux oreilles des juges cette sinistre vérité qui appelle un remède immédiat; non plus pour ces infortunés, mais pour ceux qui pourraient le devenir plus tard. Les dix-huit victimes, se réunissant à leur ancien chef, se lèveront ce jour-là pour dire aux deux gouvernements de France et d'Angleterre : « Si nous sommes tous couchés là-bas, c'est que nous n'avons pas indiqué à notre adversaire la position que nous occupions sur la mer. Il ne nous aurait pas frappés, il n'aurait jamais pu y arriver, quand même il l'eût voulu; nous avons été malheureusement les artisans de notre propre infortune; nous sommes des victimes semées sur la route du progrès, nous voulons, pour nos enfants, que vous vous unissiez et que vous leur évitiez un pareil sort. La négligence des feux est d'une telle importance, ses conséquences sont si terribles pour la vie des hommes, qu'on ne saurait être trop sévère et imposer une trop lourde responsabilité à tous ceux qui ont une autorité *quelconque* sur ce service de l'éclairage. »

CHAPITRE II

APPRÉCIATION DE LA MANŒUVRE DU *SAINT-GERMAIN*.

Quand deux navires se rencontrent à la mer et font des routes qui les rapprochent l'un de l'autre de manière à faire courir le risque d'abordage, « l'un des navires doit changer sa route, l'autre bâtiment doit continuer la sienne » (art. 22). S'il s'agit de deux navires marchant à la vapeur « le bâtiment qui voit l'autre par tribord doit s'écarter de la route de l'autre navire » (art. 16).

Or, comme le *Saint-Germain* avait vu le feu vert du *Recovery* par bâbord, il semble qu'il aurait dû ne pas manœuvrer et continuer sa route purement et simplement. L'article 20 ainsi conçu : « *Quelles que soient les prescriptions des articles qui précèdent,* tout bâtiment à voiles ou à vapeur qui en rattrape un autre, doit s'écarter de la route de celui-ci », vient modifier, on le voit, l'article 16; par conséquent, à cause de la vitesse bien supérieure du *Saint-Germain*, sur le couple assemblé du remorqueur et du remorqué, le paquebot *était tenu* par l'art. 20 et devait s'écarter de la route.

Il y était d'autant plus tenu qu'un groupe réuni par des remorques n'est pas libre de ses mouvements, ne peut pas exécuter toutes les manœuvres prescrites par la règle internationale (notamment la manœuvre qui consiste à marcher en arrière, laquelle exécutée par le navire de tête, amènerait un abordage certain entre les navires du groupe).

Par suite, un groupe n'est pas dans les conditions voulues pour indiquer *rapidement* à un bâtiment qu'il aurait à éviter, l'abattée qu'il ferait d'un bord ou de l'autre.

Nous allons démontrer maintenant que la manœuvre du *Saint-Germain* de venir sur bâbord était correcte et rationnelle, bien qu'il en soit résulté un abordage.

Certes, si l'officier de quart, au lieu de venir sur bâbord, était venu sur tribord, il n'aurait pas couru sur le *Woodburn*, et, par suite, ce bâtiment n'aurait pas été coulé. Cela est hors de doute, mais alors le *Saint-Germain*, pour se dégager et pouvoir, en s'éloignant, reprendre sa route, loin de ce voisinage gênant, aurait dû passer devant et croiser la route du *Recovery*. Eh bien, tous les marins savent, qu'en principe, c'est une faute grave de passer devant un navire; on s'expose ainsi à être coulé, sans excuse aucune, si une avarie survient par hasard, soit à la machine ou au gouvernail.

En apercevant le feu vert du *Recovery*, par bâbord et à deux quarts de sa route, et en venant sur bâbord pour passer derrière ce navire, le *Saint-Germain* a donc fait une manœuvre rationnelle et qui ne saurait être blâmée. Comme nous l'avons dit plus haut, si, à ce moment, le feu vert du *Woodburn* avait été allumé, conformément à l'article 6, l'abordage n'aurait jamais eu lieu. Le paquebot, apercevant les deux feux verts, aurait passé sur l'arrière des deux navires, au lieu de redresser sa barre, et de venir couper la route du navire remorqué.

On dit : l'officier de quart du *Saint-Germain* n'a pas compris la signification du signal du *Recovery*, mais il devait la comprendre. S'il n'a *pas su* il devait savoir, c'est là *son* tort. Il a fait sur bâbord une abattée de cinq quarts (56°), qui a été trop faible.

Avec un angle de barre *plus grand*, que commandait la prudence, il évitait l'abordage, *bien que* le feu vert du *Woodburn* ne fût pas allumé. N'apercevant pas le feu vert du remorqué, c'était une raison de plus pour se défier et devenir plus circonspect. Il devait chercher la mer libre, et il était certain de là rencontrer, en faisant une plus *décisive* abattée sur bâbord. »

Voilà la question posée et complètement définie. C'est là le *véritable et unique* chef d'accusation des adversaires du *Saint-Germain*. Nous allons examiner successivement ces différents points, en commençant par le *signal* du *Recovery* qui était *remorqueur*.

Ce signal n'était pas complet. Il n'était *qu'une partie* du signal exigé par la loi. Pour *qu'un groupe soit signalé* aux navigateurs il faut évidemment que la *tête* soit éclairée. Il faut encore que l'extrémité de la queue, qui est *menacée*, soit précisée et indiquée. La loi l'exige (articles 4 et 11). Cela n'est pas suffisant. Le législateur veut avec raison que tout navire, qui fait partie de la queue d'un groupe signale sa présence par un feu ; de telle sorte que, dans le cercle entier de l'horizon, on ne puisse pas aborder la tête, la queue, ou un point quelconque d'un groupe, sans avoir été *préalablement averti*. On conçoit dès lors que celui qui cause un abordage *puisse* être rendu responsable.

Le *Recovery*, tête de groupe, a signalé sa position au *Saint-Germain* non seulement par ses deux feux blancs du mât de misaine, mais aussi par son feu vert de tribord. Si, dans ces conditions, le *Recovery* est abordé et coulé à fond, la responsabilité est nettement définie, elle *revient* à l'abordeur. Inutile d'insister sur ce point.

La question change nécessairement, si l'abordage arrive sur un point, dont la présence *n'est* pas signalée, comme le *prescrit* la loi.

Pendant la guerre de Crimée, le premier vaisseau à vapeur, de grande puissance et de marche supérieure, le *Napoléon*, qui a fait alors si grand honneur à la marine française et à l'ingénieur qui l'a construit, remorqua un jour six bâtiments de commerce à la fois.

Supposons un instant que ce long convoi soit mis à la place du groupe anglais du *Recovery* et du *Woodburn*. Si l'on désire se faire une idée de son étendue sur la mer, on peut donner aux remorques des longueurs de 200 mètres, aux navires de 50 à 70 mètres, sans compter le *Napoléon*. Serait-il suffisant de signaler la tête de ce convoi ? Est-ce un *devoir* d'indiquer la queue, le centre et chaque point de cette immense ligne? Pourquoi l'obligation ne serait-elle pas la même, si la ligne est moins étendue, et à quelle longueur doit-on s'arrêter pour rendre, ou non, l'abordeur responsable?

Dans ce cas, la loi et les articles 6 et 11 imposeraient à cet assemblage, pesant, peu manœuvrant et de petite marche, l'éclairage suivant (à tribord) :

Tête : 2 feux blancs au mât de misaine (art. 4) ; 1 feu vert (art. 6) ;

5 navires : 5 feux verts (art. 6) ;

Queue (6° navire) ; 1 feu vert (art. 6) ; 1 feu blanc ou à éclat (art. 11) à *montrer* à la poupe.

Si on éclaire *seulement* la tête, et si la queue, le centre, ou un point quelconque du groupe est menacé et frappé, l'abordeur peut-il en vérité être coupable si le navire qui légalement *devait* signaler sa présence, ne l'a pas fait, et, si l'abordage a lieu, doit-il être rendu responsable? Il existe une vérité difficile à contester : les phares sont faits pour guider les navigateurs, et les feux prescrits par la loi du 4 novembre 1879 sont donnés par le législateur aux capitaines, pour donner de la sûreté à leurs manœuvres. Si les feux sont *allumés,* comme ils doivent l'être, les manœuvres seront bonnes. Si les feux sont *éteints* contrairement à la loi, à qui doit incomber la responsabilité de l'accident?

Revenons maintenant au *signal* du *Recovery.* Nous avons dit que ce signal était *incomplet;* qu'il n'était qu'une *partie* du signal exigé par la loi. En effet, pour qu'un signal soit *complet,* il faut de toute nécessité que *tous* les navires qui se trouvent sur son horizon, en dedans de la portée des feux, puissent *au moins* l'apercevoir. Il ne faut pas que des bâtiments puissent être *menacés* par le *Recovery,* ou sa queue, sans avoir été *avertis préalablement.* Ce fait a eu lieu cependant, comme nous allons le voir. Les articles 3 et 6 indiquent les portées du feu blanc du mât de misaine, et des feux de côté (vert ou rouge) ainsi que la manière dont ils doivent être établis à bord : art. 3. Le feu brillant du mât de misaine, indiquant un vapeur naviguant isolément, doit être construit « de manière à fournir une lumière uniforme et sans interruption sur tout le parcours d'un arc horizontal de *vingt* quarts ou rumbs de vent. Il devra être fixé de telle sorte que la lumière se projette de chaque côté du navire depuis l'avant jusqu'à *deux* quarts de l'arrière du travers. »

La disposition est la même pour les deux feux de côté vert et rouge. Ces feux ne doivent être vus que « sur tout le parcours d'un arc horizontal de *dix* quarts du compas compris entre l'avant du navire et deux quarts de l'arrière du travers. »

La portée du feu blanc est de 5 milles, celle des feux de côté de 2 milles. « par une nuit sombre, mais atmosphère sans brume, pluie, brouillard ou neige. »

Les deux feux blancs du remorqueur, placés verticalement à 91 centimètres de distance *au moins* l'un au-dessus de l'autre « doivent être du même genre et installés de la même manière que le feu blanc brillant, porté au mât de misaine, par les autres navires à vapeurs » (art. 4); ce feu blanc « devra être fixé de telle sorte que la lumière se projette de chaque côté du navire, depuis l'avant jusqu'à deux quarts de l'arrière du travers » (article 3, paragraphe B).

Les feux de côté vert et rouge « doivent être pourvus du côté du navire par rapport à eux, d'*écrans* se projetant en avant d'au moins 91 centimètres; de telle sorte que leur lumière ne puisse pas être aperçue de tribord devant pour le feu rouge, et de bâbord devant pour le feu vert » (art. 3, paragraphe D).

Nous allons tracer maintenant sur le papier un cercle de grand rayon. Au centre nous plaçons, sur un des diamètres, le remorqueur suivi de sa queue de 6 navires; sur la circonférence nous posons tous les bâtiments en vue à l'horizon à leurs places respectives par rapport au groupe. Appelons *lignes d'ombre* et de *lumière* les deux lignes de projection de la lumière, tracées à deux quarts sur l'arrière du travers (22°,30°) et traçons-les sur le plan, à la position du remorqueur et à celle du navire de queue.

Supposons maintenant que *tous* les feux réglementaires du groupe soient allumés, et voyons quels sont les navires à l'horizon, qui pourront apercevoir soit le signal complet, soit une partie du signal.

1° Tous les bâtiments situés dans *l'angle obtus* formé par les deux lignes d'ombre et de lumière du remorqueur, *en avant* du groupe, verront évidemment le signal complet. Rien n'arrête la vue puisque les écrans des fanaux sont inclinés sur l'arrière du travers.

2° Dans tout l'espace compris entre *les deux lignes* d'ombre et de lumière de la tête et de la queue du groupe, la situation change. On ne *peut plus* voir, ni les 2 feux brillants, ni le feu vert du remorqueur à tribord, ou son feu rouge à bâbord. A mesure qu'on s'éloigne de la tête, pour se rapprocher du navire de queue, on voit disparaître successivement les premiers, seconds, troisièmes feux verts ou rouges. Cela provient de l'inclinaison des écrans.

3° Enfin, sur l'arrière du groupe, dans l'angle aigu formé par les lignes d'ombre et de lumière du navire de queue, on ne voit plus aucunes traces, ni des feux du remorqueur, ni des feux verts ou rouges des bâtiments remorqués. On ne peut rien voir autre chose que le feu blanc ou à éclat de l'article 11, qui doit être montré au-dessus de la poupe et est « destiné à avertir le navire qui approche ». Disons ici que ce feu *devrait* être à demeure et *permanent*, au lieu d'être mobile. La catastrophe du *Woodburn*, qui aurait pu être bien autrement terrible, si la seconde cloison étanche du *Saint-Germain* n'avait pas résisté, nous paraît imposer *immédiatement* une rectification de la loi du 4 novembre 1879. Il faut que la queue d'un groupe soit précisée comme la tête. Il est de toute nécesssité qu'on sache positivement qu'il n'y a pas un feu vert, ou plusieurs feux verts *éteints*, en *arrière* du dernier qu'*on aperçoit*. La queue d'un groupe doit être signalée *constamment*, et non au moment du péril, à tous les navigateurs qui sont en vue du groupe. Qu'on se mette d'accord sur la meilleure couleur et le meilleur signal, cela se comprend ; mais ce qu'il faut surtout, dans le plus bref délai, c'est que les trains maritimes soient indiqués en tête et en queue, comme le sont sur nos lignes de chemins de fer, tous les trains de voyageurs et de marchandises.

Cette nécessité s'impose bien davantage sur mer. Le groupe peut être pris en flanc, et frappé des deux côtés sous tous les angles, tandis que les trains de chemins de fer ne peuvent être heurtés que par devant ou par derrière, et cependant ils sont éclairés d'une manière permanente. Nous arrivons à cette conclusion : c'est qu'il est indispensable pour *signaler* un groupe à *tous* les navigateurs présents sur l'horizon, *que non seulement la tête (le navire remorqueur) mais tous les navires remorqués sans exception aient leurs feux verts et rouges allumés et que, de plus, le dernier bâtiment porte distinctement et constamment un feu indicateur de la queue du train.*

Ceci une fois bien établi, nous allons admettre que *seul* le remorqueur a ses feux allumés, et que *toute sa queue* n'est pas éclairée, et nous allons voir ce qui va se passer dans l'espace compris entre les deux angles formés par les lignes d'ombre et de lumière du remorqueur et du navire de queue.

Tous les navires à l'horizon qui se trouveront dans cette région ne pourront plus voir les feux du remorqueur à cause de l'inclinaison des écrans. — Puisque *tous* les feux du convoi sont supposés *éteints* (comme les feux si coupables du *Woodburn*), il n'y a plus évidemment aucun signe indicateur, *légalement* dû cependant, sur la droite et sur la gauche. Comment vont se diriger les navires de toute cette partie, si leurs routes viennent couper la route du groupe? Quel moyen auront-ils de rectifier leurs angles d'inclinaison? Si l'abordage a lieu, si le navire du convoi, qui n'a pas allumé son feu, contrairement à l'article 6, est coulé par le fond, comme l'a été le *Woodburn*, à qui incombera la responsabilité? Est-il possible, en droit comme en équité, de l'attribuer à l'abordeur, qu'on a laissé dans l'ombre, qu'on a privé des guides *légaux* de sa manœuvre, pour exonérer celui qui a contrevenu à la loi et est l'auteur de son infortune? Admettons maintenant une dernière hypothèse, et voyons ce qui va se passer : Le remorqueur est éclairé et en règle. Les deux *premiers* navires de la queue sont en règle, ont leurs feux verts et rouges allumés. — Les quatre autres ont fait comme le *Woodburn*, ils ont manqué à la loi et sont plongés dans l'obscurité. — En présence de ce groupe plus nombreux et aussi coupable que celui du *Recovery*, et du *Woodburn*, nous allons placer le *Saint-Germain* exactement dans la situation qu'il avait dans la nuit du 26 août; que va-t-il se passer? Nous supposons du reste le même officier de quart sur le paquebot, et nous admettons que la première expérience a dû lui servir d'enseignement et le rendre plus prudent.

Il fera tout naturellement le raisonnement suivant : « Mon angle de cinq quarts (56 degrés) était trop faible et on l'a *critiqué* le 26 août dernier. Aujourd'hui je vais faire un angle de six à sept quarts (66 ou 77 degrés). Je vois deux feux verts sur ma droite, qui m'indiquent les deux navires remorqués. Certes, on ne me montre pas le feu blanc ou à éclat mobile, qui m'indiquerait *la fin* du groupe, mais cela s'explique puisque je ne *menace pas* le navire de queue. Je vais revenir sur tribord en donnant *beaucoup de tour*, afin de reprendre la route que je faisais avant cette désagréable rencontre. »

Il fait du reste la même manœuvre *irréprochable*, en pratique et en théorie, et qui consiste à passer derrière le groupe, en venant de six ou sept quarts *au lieu* de cinq. Quelque temps après, le malheureux *Saint-Germain*, tout d'un coup, à l'improviste, sans avoir mérité cette seconde épreuve assurément, malgré son abattée de six ou de sept quarts au lieu de 5, vient aborder en plein, et jeter par le fond, non pas le quatrième, ni même le cinquième navire de cette *queue coupable*, mais le dernier terme, le *Woodburn* de ce train allongé qui a encore, comme dans la nuit du 26 août, oublié sa dernière planche de salut, « la *lumière blanche* », qui devra être à l'avenir *permanente* et non plus mobile, si on veut éviter de nouvelles victimes et des sinistres semblables.

Nous croyons tout à fait superflu d'insister davantage et nous posons comme un axiome la proposition suivante : « Une faute *d'appréciation ou de manœuvre* est effacée et disparaît entièrement devant la faute *matérielle* du non-allumage *d'un* ou de *plusieurs* feux. »

CHAPITRE III

FAUTES COMMISES PAR LE GROUPE *WOODBURN-RECOVERY*.

Il résulte de ce qui précède que, outre l'absence des deux feux de côté (vert et rouge), le *Woodburn* a commis une seconde infraction au règlement international, sur laquelle nous devons insister.

Dans le rapport adressé au président de la République et qui précède le décret concernant les règles établies pour prévenir les abordages, nous trouvons l'exposition des principales modifications apportées au règlement de 1862, et nous remarquons que l'une d'elles provient de l'augmentation de vitesse des paquebots.

Le ministre de la marine s'exprime ainsi : « En raison de la grande vitesse actuelle des paquebots, l'obligation est *imposée* aux navires d'une marche inférieure d'indiquer leur présence, pour éviter un abordage par l'arrière. » L'article 11 formule cette si importante recommandation dans les termes suivants : « Un navire qui est rattrapé par un autre bâtiment doit montrer au-dessus de sa poupe un feu blanc ou à éclats, destiné à avertir le navire qui approche. »

Si donc, au moment où le *Saint-Germain*, faisant son abattée de cinq quarts sur bâbord, mettait le cap sur le *Woodburn*, en le menaçant d'une manière si manifeste; si ce dernier navire, disons-nous, avait montré à sa poupe soit un feu blanc, soit un feu à éclat, il est probable encore que l'abordage eût été évité, bien que son feu fixe vert ne fût pas allumé.

En résumant toutes les fautes, nous trouvons, au bilan du *Saint-Germain*, un manquement à la loi internationale du 4 novembre 1879 et une négligence, d'ordre intérieur, qui ne concerne que la Compagnie transatlantique. (L'officier de quart aurait dû faire prévenir le capitaine.)

En ne voyant pas les deux feux blancs du mât de misaine du *Recovery*, l'officier de quart du *Saint-Germain* a fait une faute et commis une infraction à la loi.

Mais ce n'est point, à notre avis, une faute comparable à celle du *Woodburn*. Elle n'aurait pas eu lieu, n'aurait entraîné aucunes suites fâcheuses d'ailleurs, après avoir été commise, si le feu vert du bâtiment remorqué avait été allumé. C'est, en un mot, une erreur de jugement et d'appréciation. Il est regrettable également que l'officier de quart n'ait pas fait prévenir son capitaine au début, car celui-ci aurait certainement reconnu, comme il l'a fait plus tard au moment critique, que le *Recovery* était remorqueur, traînait derrière lui une masse dangereuse, laquelle avait commis la faute de ne pas signaler sa présence, au risque de couler les autres ou de sombrer elle-même.

Quant aux fautes du groupe anglais, composé du *Recovery* et du *Woodburn*, on peut les fixer à trois : une au compte du remorqueur, les deux autres sont écrasantes et à la charge du *Woodburn*.

Nous nous demandons comment le capitaine du *Recovery*, qui remorquait depuis Lisbonne et qui aurait dû s'apercevoir de l'extinction des feux rouge et vert du navire remorqué, ne le lui a pas fait dire, et même donné l'ordre de se mettre en règle et de se soumettre à la loi générale des abordages. Il s'agissait de la sûreté des deux navires et de la sûreté générale; il avait donc le devoir de se refuser à remorquer dans des conditions semblables; il a manqué là assurément l'occasion de rendre un grand service à la Compagnie transatlantique et à celle du *Woodburn*.

Nous ne pouvons nous expliquer cette négligence que par le fait suivant : Les feux du *Woodburn* ayant été *peut-être* allumés le 25 août à la nuit, mais mal entretenus par un équipage se reposant entièrement sur l'éclairage du navire de tête, se sont éteints avant 5 heures du matin.

Tous les marins savent, en effet, que si on ne prend pas soin d'émécher plusieurs fois dans chaque quart les fanaux les mieux conditionnés, même par temps calme, les verres de ces fanaux sont ternis par la fumée provenant de la combustion de la mèche encrassée ; par suite, les fanaux ne projettent aucune clarté au dehors et finissent par s'éteindre.

Aussi, sur les navires bien tenus, il se trouve en permanence, dans la timonerie, un fanal à carreaux vert et rouge, toujours allumé et prêt à être montré, *du bon côté*, à un navire que l'on rencontrerait à l'instant même où l'un des feux de côté se serait éteint.

Il est pénible et douloureux d'adresser des reproches à de braves gens, qui sont morts à leur poste, au champ d'honneur des marins, et qui ont payé déjà, de la vie, les fautes qu'ils ont pu faire ; cependant c'est un devoir qui s'impose et nous devons déclarer hautement que les deux fautes capitales et irréparables qui ont amené le sinistre maritime, sont incontestablement les deux infractions commises par le *Woodburn*, qui n'avait pas le feu vert allumé, et ne signalait pas sa présence à l'aide d'un feu blanc ou à éclat, montré au-dessus de la poupe[1].

Il faut des événements semblables pour faire sentir au public qui ne navigue pas les grandes responsabilités, les fatigues et les difficultés du commandement à la mer, à bord de ces immenses paquebots qui font les voyages de la ligne de New-York.

Rien ne les arrête, ni le vent, ni la mer, ni les brumes, ni les glaces ; de jour comme de nuit, soit au large ou près des côtes,

---

1. Nous trouvons dans le *Preliminary act*, déposé à l'*Admiralty court*, par les avocats du *Woodburn*, une déclaration qui constitue une *troisième faute* très grave à l'actif du *Woodburn*.

Il est dit, au paragraphe XII de ce *Preliminary act*, que *l'ordre a été donné avant la collision, de mettre la barre pour faire venir le Woodburn sur bâbord*. Une telle manœuvre a eu pour conséquence de reporter l'arrière du *Woodburn* vers l'avant du *Saint-Germain*, d'aggraver par suite la situation du *Woodburn* et très probablement de causer sa perte, si on tient compte de ce fait, que l'abordage ne s'est produit qu'à *dix mètres* environ de l'étambot du navire anglais. Cette abattée faite au dernier moment, dans le mauvais sens, lui a été fatale. Cet aveu des *témoins survivants* du *Woodburn* est une preuve indiscutable que ce navire a été encore à la dernière seconde le propre artisan de son malheur.

ou bien dans des parages parsemés de navires, comme la Manche ou le banc de Terre-Neuve, il faut toujours marcher à toute vitesse, afin d'arriver à jour fixe et dépasser la ligne anglaise ou allemande. C'est la loi du progrès, elle a ses écueils et, ce qui doit surprendre, c'est qu'il n'y ait pas plus de victimes et de sinistres. Il faut savoir les accepter avec résignation, tout en les déplorant et faisant tout ce qu'il faut pour les réduire le plus possible, en se soumettant aveuglément à toutes les prescriptions de la loi suprême sur les abordages.

Nous terminons ici la partie technique de cette étude, en formulant un vœu : nous croyons qu'il ne serait pas inutile, quand on remaniera le décret du 4 novembre 1879, de rédiger un nouvel article (17 *bis*) qu'on pourrait formuler ainsi : « Si un navire à vapeur ou à voiles rencontre un groupe, composé d'un remorqueur et d'un remorqué, et que les deux routes se croisent de manière à faire craindre un abordage, le bâtiment *isolé* doit s'écarter de la route. »

Les deux articles 16 et 20 amènent bien à cela par la discussion, mais il y aurait avantage à le préciser dans un article spécial.

CHAPITRE IV

RÉSUMÉ DE L'ÉTUDE SUR LA RECHERCHE DES RESPONSABILITÉS.

Le principe des responsabilités et indemnités est posé dans l'article 24 du règlement du 4 novembre 1879, ainsi conçu : « *Rien de ce qui est recommandé ici* ne peut exonérer un navire ou son propriétaire, ou son capitaine, ou son équipage, des conséquences d'une *négligence quelconque*, soit au sujet des feux ou signaux, soit de la part des hommes de veille, soit enfin au sujet de *toute précaution* que commandent l'expérience ordinaire du marin et les circonstances particulières dans lesquelles le bâtiment se trouve. »

Ainsi donc, la responsabilité des *conséquences d'une négligence quelconque* incombe au navire, à son propriétaire, au capitaine et jusqu'à l'équipage, et, remarquons-le bien, quand même on se serait conformé à *tout ce qui est recommandé* dans le règlement international. Il ne suffit pas d'avoir exécuté toutes les proscriptions qui précèdent l'article 24, il faut de plus que la cour de l'amirauté ne reconnaisse *aucune négligence ayant eu des conséquences :*

1° Soit au sujet des feux ou signaux ;

2° Soit de la part des hommes de veille ;

3° Soit enfin, au sujet de *toute précaution* que commandent l'expérience ordinaire du marin et les circonstances particulières dans lesquelles le bâtiment se trouve.

Ne perdons pas de vue, du reste, que cette responsabilité est loin d'être platonique, comme le sait trop bien la Compagnie transatlantique qui, le jour même qui a suivi l'événement, a vu saisir le *Saint-Germain* et sa cargaison.

Nous poserons maintenant aux juges les questions suivantes qui résultent de l'article 24 :

1re *question.* — Dans la nuit du 25 au 26 août, au moment de sa collision avec le *Saint-Germain*, le *Woodburn*, qui a été abordé par la hanche de tribord derrière et qui a coulé sur place, a-t-il commis, oui ou non, une *négligence, au sujet des feux*, ayant entraîné *des conséquences?* en n'ayant aucun des feux visibles à l'extérieur, que prescrit l'article 6?

2e *question.* — Dans les mêmes circonstances, en ne présentant pas au-dessus de sa poupe un feu blanc ou à éclat destiné à avertir le *Saint-Germain*, le *Woodburn* a-t-il commis, oui ou non, *une négligence qui a entraîné des conséquences?*

Il nous paraît impossible de répondre à ces questions, autrement que par l'affirmative.

3e *question.* — En ne reconnaissant pas que le *Recovery* (qui avait à son mât de misaine deux feux blancs brillants placés verticalement) était un remorqueur, le *Saint-Germain* a-t-il, oui ou non, commis *une imprudence ayant entraîné des conséquences?*

Réponse : oui, également.

4e *question.* — Le *Recovery*, qui remorquait le *Woodburn*, n'ayant pas les feux prescrits par l'article 6 et qui l'a laissé ainsi entrer la nuit dans la Manche, a-t-il, oui ou non, « *pris toute précaution* que commandent l'*expérience ordinaire du marin* et les circonstances *particulières* dans lesquelles le bâtiment se trouve », et a-t-il, par ce fait, *commis une imprudence ayant entraîné des conséquences?*

Poser la question, c'est la résoudre non seulement pour les marins, mais même pour les personnes les plus étrangères à la navigation.

Si nous venons à comparer les fautes, nous trouvons que le *Woodburn* est de beaucoup le plus coupable; il a commis, en effet, les deux infractions les plus graves qui ont causé le désastre; car si son feu vert avait été allumé, ou s'il avait montré au-dessus de sa poupe un feu à éclat ou un feu blanc, l'abordage était de toute impossibilité, comme nous l'avons déjà dit.

La faute du *Recovery* nous paraît venir en second lieu, et dépasser celle du *Saint-Germain*, qui est avant tout une erreur d'appréciation plutôt qu'une infraction *matérielle*, comme celle qui concerne les feux; d'autant plus qu'elle se réparait d'elle-même et n'entraînait aucunes conséquences si le *Woodburn* avait eu son feu vert.

Admettons qu'un navire venant du large, vienne chercher un feu, afin de reconnaître sa position, et que ce feu, n'ayant pas été allumé, le bâtiment se mette sur les roches et se perde. Tous les marins diront avec raison que, si le naufrage a eu lieu, c'est la faute de l'administration des phares, et personne n'aura l'idée de venir dire au navire : « C'est votre faute, car vous auriez dû être plus prévoyant et admettre la possibilité d'une négligence des gardiens chargés de l'éclairage. » Il n'y aurait plus alors de navigation possible ; de même que le marin doit compter sur l'allumage des phares, de même il ne pourra admettre que l'éclairage obligatoire et international des navires à la mer puisse devenir une lettre morte, surtout quand il peut en résulter des sinistres pareils. Voilà la raison qui nous a fait juger le *Woodburn* et le *Recovery* plus sévèrement que le *Saint-Germain* et qui nous fait appeler l'infraction de ce dernier une erreur d'appréciation, tandis que celles des deux premiers sont des *fautes matérielles* d'une gravité et d'un caractère tout différents, devant entraîner par suite une plus grande responsabilité.

Si la Compagnie du *Woodburn* doit supporter la plus grande part de la responsabilité, on doit reconnaître aussi qu'elle a subi la plus grande perte matérielle; puisque son bâtiment a sombré. Nous ne pensons pas qu'il serait équitable de lui imposer une charge plus lourde, mais nous espérons bien, pour l'exemple et pour la justice, qu'elle sera déboutée de toutes les demandes d'indemnités qu'elle pourrait formuler.

Les frais considérables que supporte le *Saint-Germain*, par suite de ses avaries et de sa mise temporaire hors de service, nous semblent une expiation plus que suffisante pour sa faute d'appréciation, qui n'aurait eu aucunes conséquences si le *Woodburn* avait été éclairé.

Quant au *Recovery*, il mériterait une très grosse amende, qui serait assurément bien employée, si on la consacrait à donner des secours aux familles qui ont été si douloureusement éprouvées dans cette dramatique et terrible collision.

***

CHAPITRE V

CONSIDÉRATIONS SUR LES TRIBUNAUX CHARGÉS DE JUGER LES LITIGES MARITIMES INTERNATIONAUX.

On a adressé *indirectement* au capitaine du *Saint-Germain* un seul reproche qui est à tel point immérité que nous ne saurions trop féliciter cet officier de la détermination qu'il a prise dans cette grave circonstance.

On a dit au siège social de la Compagnie générale transatlantique : « Le capitaine du *Saint-Germain*, au lieu d'aller à Plymouth, d'où il se trouvait éloigné de 30 milles environ, aurait dû rejoindre Cherbourg, situé à 110 milles du lieu du sinistre. »

Le premier devoir d'un capitaine, avant tout, c'est de songer à la vie de son personnel, quel que soit le nombre d'hommes qui sont à son bord ; à plus forte raison, quand il a sur son pont plus de 600 créatures vivantes. Nous ajouterons que, dans les circonstances périlleuses où s'est trouvé le *Saint-Germain*, avec ses flancs troués de part en part jusqu'à 30 centimètres de sa 2e cloison étanche, avec ses deux premiers compartiments de l'avant remplis d'eau, et le troisième qui en avait 90 centimètres, il y avait pour le chef le devoir impérieux de gagner le plus vite possible le port de refuge le plus voisin. Plymouth était à 30 milles dans le N. 1/4 N.-E. Il ne fallait pas faire un mille de plus. C'était le meilleur moyen de sauvegarder les intérêts de sa Compagnie.

Que n'aurait-on pas dit, avec juste raison cette fois, si, au lieu d'arriver à Cherbourg ou au Havre, le *Saint-Germain*, ne pouvant supporter la fatigue d'une aussi longue traversée, un second effondrement, plus terrible encore que le premier, était venu s'ajouter à celui du *Woodburn?* Quelle différence existe-t-il donc entre les relâches dans un port français ou dans un port anglais ? Pourquoi la Compagnie française désirait-elle que son navire se réfugiât en France? Il y a en Angleterre des moyens de réparation aussi puissants qu'en France, la main-d'œuvre ne doit pas différer d'une manière bien sensible et, par suite, les frais de toute sorte ne peuvent pas être beaucoup plus élevés.

La véritable raison, c'est que les Français préfèrent être jugés par des tribunaux français plutôt que par des tribunaux anglais. Ici se présente une question que nous allons étudier :

Des intérêts anglais et français sont en présence dans la question de l'abordage du *Saint-Germain* et du *Woodburn*. Il y a une caution importante, une somme de 1 125 000 francs que la Compagnie française a dû verser, à la suite d'une ordonnance *de précaution* rendue par l'amirauté anglaise. La Compagnie transatlantique ne pouvait procéder aux réparations de son bâtiment et le conduire à Southampton, pour le mettre dans le bassin de radoub, si elle ne déposait tout d'abord ce gros capital pour servir de gage aux *intérêts anglais.*

Quand il s'agit de gros sous, on ne perd pas de temps, les formalités sont supprimées et la procédure est expéditive. La saisie-arrêt du *Saint-Germain* a été demandée, ordonnée par jugement, imprimée et affichée à bord du paquebot, dès le lendemain de son entrée à Plymouth, où il était arrivé, coulant bas d'eau, escorté, tout troué, désemparé de part en part et sous le coup des émotions terribles qu'il venait de ressentir.

Il y a, dans cette mesure, quelque chose de sauvage et de rapace, qui blesse et cause de la peine.

A la fin du dix-neuvième siècle, ces moyens *pratiques* de sauvegarder, avant jugement, les intérêts d'une des parties au détriment de l'autre, nous paraissent vexatoires et tyranniques. Ils évoquent le triste souvenir des temps de la barbarie et ne se trouvent plus en harmonie avec nos mœurs, qui sont heureusement plus policées et plus *confiantes.*

Si c'était indispensable, s'il n'y avait pas d'autres moyens de sécurité et de garantie pour les Compagnies intéressées, il faudrait en prendre son parti et se contenter de déplorer cette nécessité.

On éprouve, en effet, un sentiment pénible à voir un pauvre navire, tout en détresse, qui vient chercher du secours et qui trouve une main de fer qui le saisit, ne le lâche plus et lui dit : « Tu m'appartiens. » Le mécontentement de la Compagnie française s'explique, car on n'aime pas à passer sous les fourches caudines d'une législation, aussi prévoyante pour les intérêts anglais, aussi fâcheuse pour les intérêts opposés.

Tout prévenu est supposé innocent jusqu'au jour de la sentence. C'est un principe élémentaire de droit. « Parce que mon devoir, la nécessité, la vie des hommes qui me sont confiés, m'imposent l'obligation de chercher un refuge sur vos côtes et de vous demander aide et protection, est-ce une raison suffisante pour me traiter de la sorte et me mettre le pistolet sous la gorge pour me contraindre à vous déposer un gros capital de garantie, une somme de 1 125 000 francs ?

« Si j'avais été moins avarié ou moins soucieux de la vie de mon équipage, je vous aurais échappé. Je serais allé en France où j'aurais été certainement traité d'une manière plus en rapport avec ma situation et mon infortune. »

Un capitaine moins pénétré du premier de ses devoirs (la vie des hommes) aurait pu tenter la traversée de la Manche et sombrer sur la route avant d'avoir atteint le port. Certes, le plus grand coupable aurait été le capitaine qui, en croyant prendre les intérêts de ses armateurs, les aurait si mal servis, sans compter qu'il aurait *failli à son honneur* et assumé la plus lourde de toutes les responsabilités.

Cependant la cause première, qui aurait fait tout le mal, qui aurait poussé la Compagnie, déterminé le capitaine à prendre ce parti néfaste, ne faudrait-il pas l'attribuer à cette législation inique et d'un autre âge, qui fait *préjuger de la sentence ?*

Croit-on que les gens qui ont demandé et obtenu de l'amirauté cette garantie de 1 125 000 francs ne la considèrent pas déjà comme *leur chose ?* Ils n'attendent plus que le jour du jugement définitif pour entrer en possession de *leur bien.* Grande assurément serait leur déception, et plus grands encore leur colère et leur mécontentement, si on venait leur dire : « La justice n'est pas de votre côté. »

Que de cris, que de clameurs en Angleterre !

Cet état de choses tient à la situation même et il ne peut en être autrement. Si on veut faire cesser ces anomalies, il faut changer tout ce système suranné. Il est nécessaire de compléter l'œuvre du législateur de 1862 et de 1879.

Les nations suivantes ont adhéré au règlement du 4 novembre 1879, à savoir :

Allemagne, Autriche-Hongrie, Belgique, Chili, Danemark, Espagne, États-Unis, France, Grande-Bretagne, Grèce, Italie, Norwège, Pays-Bas, Portugal, Russie, Suède.

Ces 16 nations ont pu s'entendre et mettre de côté tout esprit de rivalités et de pavillons, afin d'arriver à une loi internationale, destinée à protéger la vie humaine sur toutes les mers du globe, non seulement pour la première fois en 1862, mais depuis, en 1869, 1873, 1874 et 1879. Il est bien certain, par conséquent, qu'elles le feront encore pour toutes les rectifications qui seront jugées nécessaires. La collision du 26 août 1883 a mis en relief plusieurs lacunes de la loi de 1879.

Puisqu'on a compris l'utilité de déterminer des règles internationales, pour fixer l'éclairage des navires et préciser les manœuvres des capitaines, on pourra bien s'entendre sur la composition du tribunal qui doit juger les litiges maritimes internationaux.

Faire une loi, sans indiquer le juge, c'est faire une œuvre incomplète qui appelle nécessairement, un jour ou l'autre, le couronnement de l'édifice.

On a commencé par la loi et on a eu raison. C'était surtout là le point important, puisqu'il touche à la vie de l'homme de mer et à celle de tous ceux qui sont obligés de voyager sur le terrible élément et de courir tous les risques de la navigation.

Les hommes qui, en 1862, ont pu arriver à une solution pratique et faire adopter la première base d'une loi internationale des abordages ont rendu un immense service à l'humanité. Cette loi est perfectible, et chaque catastrophe doit être un enseignement qui réclame une étude spéciale et doit conduire à une rectification de la loi existante.

Après avoir protégé les existences, il n'est pas indifférent de garantir les intérêts des gens. De ce côté, rien n'est fait et tout reste à faire.

Ce que nous avons dit plus haut a déjà suffi pour signaler le mal et mettre le doigt sur la plaie. Dans l'état de choses actuel, la juridiction dépend uniquement *du hasard*. Si l'abordage a lieu sur la côte française, et que vous arriviez en France dans un port de refuge, les juges seront français. Si le *Saint-Germain*, moins maltraité et n'inspirant pas les mêmes craintes à son capitaine, avait pu être conduit à Cherbourg ou au Havre, la juridiction française serait devenue compétente et l'amirauté anglaise aurait cessé de l'être. On peut donc dire que le paquebot français a eu des juges étrangers, uniquement *parce qu'il* a été obligé de les subir.

Dans la situation où se trouvait le *Saint-Germain*, après la collision du 26 août, son capitaine ne devait pas hésiter. Les intérêts des actionnaires doivent céder le pas à la vie des hommes. Il est fâcheux d'être saisi et d'être traité à peu près comme se comporte l'oiseau de proie envers sa victime. Il est peu agréable de tirer du coffre-fort une grosse somme, qui est déjà considérée par les intéressés comme leur chose, comme un bien en dépôt, qui doit être restitué après le jugement définitif, lequel ne peut être et ne doit être certainement à leurs yeux qu'une confirmation de la première ordonnance de saisie.

Nous regarderions, comme une juridiction qui ne laisserait rien à désirer, un tribunal international dans lequel les parties intéressées auraient un nombre égal de juges et qui compterait, en outre, des juges étrangers aux nationalités en cause. — Les frais de déplacement et les indemnités seraient des charges que tout le monde payerait avec plaisir, afin d'avoir une juridiction indépendante. On vient de New-York en 7 jours; il en faudra 20 à un Chilien quand l'isthme de Panama sera percé. Ce sont les juges *ayant adhéré* les plus éloignés de l'Europe. Seraient-ils même beaucoup plus loin, en Chine ou au Japon, qui sont à une distance de 45 jours de la France, ces arbitres auraient tout le temps nécessaire pour arriver sans retarder l'affaire.

L'instruction du *Woodburn* et du *Saint-Germain* est commencée depuis le 26 août, et le jugement n'aura lieu qu'en décembre.

Si une bonne justice est un grand bienfait pour les hommes, il nous semble impossible que cette question ne soit pas prise en grande considération. Nous avons mis le doigt sur la plaie et indiqué les différents remèdes à employer.

Quel que soit le médicament, la solution sera bonne et favorable au patient.

Octobre 1883.

DEUXIÈME PARTIE

LE JUGEMENT

CHAPITRE PREMIER

APERÇU SUR LA LÉGISLATION ANGLAISE ET SUR LA PROCÉDURE DES AFFAIRES MARITIMES.

Le jugement a été rendu à Londres le 7 décembre 1883. Avant de l'examiner, nous croyons intéressant et utile de dire quelques mots sur la législation anglaise et sur la procédure des affaires maritimes.

Ces procès sont jugés à Londres par un tribunal spécial appelé « Admiralty court. »

Le tribunal est présidé par un seul juge, assisté de deux conseils.

Les deux conseils, capitaines au long cours retraités, sont choisis parmi les membres de la « Trinity corporation », qui est spécialement chargée du balisage et de la surveillance des phares.

Bien qu'aucun officier de la marine militaire ne fasse partie de la corporation, par suite d'un privilège spécial et afin sans doute d'en rehausser le prestige, le duc d'Edimbourg seul y a été admis.

Un tribunal ainsi composé *paraît* donc offrir toutes les garanties désirables qui résultent d'une longue expérience des affaires maritimes, car il y a dans la corporation des hommes d'un mérite réel.

Le juge actuel, M. Butt, avant d'être nommé juge de « l'Admiralty court » avait été, pendant une longue période de temps, l'avocat plaidant le plus éminent, en fait de questions maritimes jugées par ce tribunal.

Nous verrons plus tard que, dans certaines questions, comme celle qui concernait le paquebot français *le Saint-Germain* et le

Woodburn, son esprit de nationalité sait l'emporter, malheureuse-ment, sur celui de la justice stricte et absolue.

Les hommes qui s'occupent d'une affaire, dans l'instruction et à l'audience, sont ainsi appelés :

1° Le « queen's counsel » ou l'avocat de la reine. Dans une affaire importante, on peut en prendre plusieurs. Le plus renommé, « le leader », porte seul la parole devant le tribunal.

Les principaux sont MM. Russell, Webster, Myburgh, etc.

Ce n'est pas une spécialité exclusive, puisqu'ils plaident quelque-fois devant des tribunaux autres que « l'Admiralty court. »

2° Le « counsel » assiste le « queen's counsel. » Il sert d'inter-médiaire entre les « queen's counsels » et les « solicitors » ou « proctors ».

3° Le « solicitor » est un avoué qui a un rôle très important. Quand le « solicitor » s'occupe spécialement de questions mari-times, il porte la dénomination de « proctor ». On doit le choisir avec le plus grand soin.

Le « solicitor » ou « proctor » prépare l'affaire, entend les té-moins, donne une direction *favorable* aux dépositions et fait, en un mot, tous ses efforts pour que la cause, qu'il doit présenter aux avocats, se trouve dans les meilleures conditions possibles pour la défense.

Le choix d'un « proctor » sérieux et expérimenté est une chose capitale, car il peut aisément rendre bonne ou tout au moins pas-sable, par la façon dont il conduit l'instruction, une affaire souvent mauvaise.

Le « proctor » résume dans un acte appelé « brief » toutes ses conclusions qu'il remet aux avocats de sa partie, pour servir de base et de guide à la défense.

Les « proctors » renommés à Londres sont MM. Cooper et Cie, Prit-chard, etc. Dans une affaire importante, on prend souvent plusieurs « proctors ».

Il est facile de se rendre compte maintenant de la marche d'une affaire :

Le litige maritime est mis, par chacune des parties, entre les mains d'un « proctor » qui donne à son instruction *la meilleure* direction possible, au point de vue des intérêts qu'il représente.

Le « proctor » interroge les témoins, corrige leurs dépositions dans le sens le plus favorable à la cause.

Il n'y a d'autres limites à cet égard que celle de sa conscience. Un bon « proctor » doit amener les témoins à croire qu'ils disent la vérité, quand ils font une déposition qui aide la défense.

On ne doit donc pas s'étonner, si l'on rencontre des faux témoins *par persuasion* devant le tribunal, quand leurs témoignages ont subi les torsions nécessaires pour gagner une cause importante.

Lorsque les témoins ont été ainsi préparés et que leurs dépositions ont été enregistrées avec soin, le « proctor » rend compte de l'affaire à l'un des avocats qu'il a choisis et le renseigne sur la direction qu'il a imprimée. Ils rédigent ensemble « le Preliminary act » en présence des principaux témoins.

Cette pièce capitale, dont dépend souvent le succès du procès, doit être rédigée avec beaucoup d'habileté; elle doit être déposée au tribunal dans un délai déterminé. Une fois remise, il est absolument interdit de la modifier.

Le « preliminary act » expose toutes les circonstances de l'affaire et formule les plaintes adressées à la partie adverse. Comme les débats de l'audience ne peuvent pas sortir de ce cadre, il est nécessaire de rédiger cette pièce avec un soin extrême, et de tout prévoir *sans se compromettre*.

Pour les collisions, on doit répondre aux 13 questions suivantes :

1. *Noms des navires ayant pris part à la collision et noms de leurs capitaines?*
2. *Moment de la collision?*
3. *Lieu de la collision?*
4. *Direction du vent?*
5. *État du temps?*
6. *État et force de la marée?*
7. *Cap et vitesse du navire, quand l'autre bâtiment a été aperçu pour la première fois?*
8. *Feux du navire, s'il y en avait?*
9. *Distance et relèvement de l'autre navire quand on l'a vu pour la première fois?*
10. *Feux (s'il y en avait) de l'autre navire, qu'on a aperçus en premier lieu.*
11. *Si quelques feux de l'autre navire, ou d'autres que les premiers feux aperçus, ont été vus avant la collision?*
12. *Quelles mesures ont été prises, et à quel moment, afin d'éviter la collision?*

13° *Quelles sont les parties de chaque navire, qui se sont trouvées en contact?*

Chacune des parties dépose son « Preliminary act, » dans le même délai dont on attend d'ailleurs toujours la dernière limite ; et alors l'affaire est classée au rôle.

Chacune des parties a le droit de prendre communication de *toutes* les pièces de la partie adverse ; il est inutile de dire que le « Proctor » intelligent ne doit produire que les pièces convenables et favorables. Il doit prévenir son client de brûler toutes les pièces compromettantes, qui ne sont pas les *pièces officielles exigées* par la loi.

Le rapport de mer d'un capitaine, les journaux de bord sont des pièces légales qu'on est tenu de présenter. Le rapport d'un capitaine à sa compagnie, le rapport d'un officier de quart au capitaine du navire, ne sont exigés par aucun texte de loi, et par suite, il est prudent de les détruire si on les croit défavorables.

Il faut que le « Proctor » soit en mesure de répondre *en toute vérité* au « Proctor » de l'autre partie qui réclamerait ces pièces :

« Nous ne les avons pas, elles n'existent pas. »

Le « Proctor » est obligé d'être très circonspect ; il serait renvoyé et cassé de sa charge si le tribunal avait la preuve, par la déposition orale des témoins, qu'il a gardé par devers lui des pièces réclamées par la partie adverse, ou bien encore, s'il refusait de les produire, sans avoir affirmé que ces pièces *n'existent pas*.

Dans cette situation délicate, pour sauver sa position, en conciliant à la fois les intérêts de sa partie et ses devoirs professionnels, le « proctor » a simplement une chose à faire : engager son client à détruire les pièces officieuses compromettantes que n'exige pas la loi.

Il n'est pas inutile de connaître ces petits détails de la pratique courante, si l'on ne veut pas être pris au dépourvu, et devenir ainsi une victime innocente et inconsciente, en fournissant contre sa propre cause, des armes que l'autre partie se garderait bien de donner.

C'est déjà bien assez d'avoir à lutter contre l'esprit de nationalité qui, comme nous le verrons plus tard, ne peut pas s'arrêter au seuil du sanctuaire de la justice :

Les deux « preliminary acts » faits et déposés par les « proctors » des deux parties, constituent le dossier judiciaire où le juge vient puiser les éléments nécessaires, pour étudier l'affaire et établir les premières bases de son opinion.

En France, nous n'avons qu'une seule instruction, au lieu de ces deux instructions contradictoires.

Elle est faite par un magistrat tout à fait indépendant des parties, complètement désintéressé surtout, ne pouvant recevoir d'autre influence que celle du droit et de la justice.

Les « proctors », qui sont largement payés par les parties, dont l'intérêt est identique, peuvent-ils se trouver dans des conditions d'indépendance aussi favorables et nécessaires à une bonne justice ?

Il est peut-être sage de ne pas émettre notre opinion sur cette question qui touche aux législations des deux pays.

Toutefois, nous croyons fermement qu'on ne serait jamais arrivé, en France (dans un procès semblable à celui du *Saint-Germain*), à rencontrer à l'audience 8 témoins d'une partie affirmant *Oui* tandis que les 11 témoins de la partie adverse affirmaient *Non*.

Le système français rend plus faciles l'appréciation et le devoir du juge.

CHAPITRE II

AUDIENCE ET JUGEMENT.

Le vendredi 7 décembre 1883, à 11 heures du matin, l'affaire du *Saint-Germain* et du *Woodburn* a été appelée devant la Cour de l'Amirauté, à Londres.

La disposition de la salle ressemble beaucoup à celle de nos tribunaux de France.

La salle est petite et ne peut donner accès à un public qui dépasserait 80 personnes. Elles sont assises sur des gradins placés en arrière de la barre.

Les avocats sont à leurs bancs.

En arrière, sont les huissiers et les sténographes, qui tous portent la robe et la perruque blanches.

En avant du banc des avocats, sont les « proctors » portant la tenue civile.

Le juge, M. Butt, a la robe noire et la perruque blanche.

Ses deux assesseurs sont assis à sa droite ; redingotes d'uniforme à gros boutons d'or et larges galons, cheveux parfaitement lissés. Ils ont une carte marine sous les yeux et quelques feuilles de papier blanc sur leurs pupitres.

On annonce le tribunal et la séance est ouverte.

Le juge prend la parole et déclare immédiatement que le *Saint-Germain* a eu tort de manœuvrer et qu'il ne saurait, en aucun cas, lui donner gain de cause.

Il éprouve seulement quelques doutes au sujet des feux du *Woodburn*.

Il ajoute alors que, dans le cas même où il serait prouvé par l'audition des témoins que le *Woodburn* n'avait pas ses feux allumés, il ne saurait exonérer le *Saint-Germain* de toute responsabilité.

Dans ce cas, il pourrait reconnaître seulement qu'il y a eu faute des deux côtés, et par suite les parties *seraient renvoyées dos à dos*.

Après ce préambule *que nous trouvons inutile d'apprécier*, le premier témoin a été appelé.

D'après la loi, les témoins de la partie plaignante sont interrogés les premiers.

Ce sont donc les témoins anglais du *Recovery* et du *Woodburn* qui ont comparu tout d'abord.

Il existe, à gauche du juge, une petite chaire appelée « box », où les témoins viennent successivement se placer, pour faire leurs dépositions et répondre aux questions qui peuvent leur être posées :

1° Par les avocats de la cause ;

2° Par les avocats de la partie adverse (*cross-examination*).

Le juge peut faire, en outre, aux témoins, toutes les questions qu'il croit convenables.

Un troisième interrogatoire, facultatif toutefois, peut être fait encore par un des avocats de la cause.

Sur la chaire des témoins se trouve une Bible d'un très petit format.

Sur un des murs de la salle, on a gravé une grande lettre N qui indique le nord, pour servir de point de repère aux témoins, aux juges et aux avocats, afin de faciliter les explications et les réponses à des questions qui pourraient être adressées, relativement aux relèvements, routes et positions des navires.

Les 8 témoins anglais et ensuite les 11 témoins français ont successivement défilé, monté à la petite chaire, baisé la Bible et juré de dire toute la vérité et rien que la vérité.

Pour les témoins étrangers, il y a un interprète assermenté et payé par la partie intéressée.

Il se tient en face du témoin, du côté de la salle opposé à celui qu'occupe ledit témoin.

Après l'audition des témoins, le « leader » de la c...pagnie du *Woodburn* s'est levé et il allait commencer son plaidoyer, quand le juge lui a dit : « Il est inutile que vous discutiez la question de l'abordage ; mon opinion est faite sur ce point et votre cause est gagnée. Il vous reste seulement à traiter la question d'indemnités à accorder au *Recovery*. » Au bout de quelques minutes le « leader » avait terminé sa défense.

Le « leader » du *Saint-Germain*, pour accomplir son devoir, s'est levé à son tour et a pris la parole.

Mais, en présence de l'opinion exprimée par M. Butt, qui du reste n'avait plus de raison d'écouter, il n'a dit que quelques mots seulement sur l'abordage, et il a passé immédiatement à la discussion de la question des indemnités réclamées par la compagnie du *Recovery*, question sur laquelle le juge disait avoir encore quelque hésitation.

Les plaidoiries une fois terminées, le juge, M. Butt, a prononcé, sans désemparer, le jugement suivant qui a été transcrit séance tenante par les sténographes assermentés :

DEVANT LA HAUTE COUR DE JUSTICE.

DIVISION DE L'AMIRAUTÉ.

—

COUR ROYALE DE JUSTICE.

Vendredi, 7 décembre 1883.

Les propriétaires du vapeur *Woodburn* et autres,

Les propriétaires du *Saint-Germain*,

Le *Saint-Germain*, devant M. le juge Butt, assisté du capitaine Weller et du capitaine Woolcoott.

Copie du jugement d'après les notes des sténographes,

M. le juge Bull. — Dans le cas présent, nous n'avons aucun doute, quel qu'il soit, sur le jugement qui doit être rendu dans le cas de la collision. La collision a eu lieu entre un très grand vapeur français faisant le service de la ligne d'Amérique, et un vapeur désemparé, appelé le *Woodburn*, jaugeant environ 1500 tonneaux, qui était à ce moment remorqué par le *Recovery*.

Il y a eu 18 morts d'hommes, et il est certain qu'il s'en est fallu de peu pour que le malheur ne fût beaucoup plus terrible, car si le *Saint-Germain* avait été endommagé un peu plus à l'arrière, il est probable que le troisième compartiment se fût rempli d'eau. Il eût coulé, et il y avait environ 600 personnes à bord, dont 462 passagers et 136 hommes d'équipage.

Maintenant la première question qui s'impose dans le cas présent, ou tout au moins la première question que j'ai l'intention de prendre en considération, est celle-ci : le vapeur *Woodburn* avait-il, tandis qu'il était remorqué par le *Recovery* et au moment de la collision, ses feux réglementaires allumés ? c'est-à-dire les feux réglementaires pour un vapeur ne faisant pas usage de sa vapeur, mais étant remorqué par un remorqueur à vapeur ; en d'autres termes, avait-il les deux feux rouge et vert ?

D'abord, il me semble fort improbable que les feux n'aient pas été allumés. Il y a sans doute quelquefois des cas où des navires d'une dimension relativement petite, peut-être même quelques navires de grande dimension, naviguant dans des latitudes où les nuits sont très claires en tout temps, n'ont pas de feux ; mais ce serait la première fois que j'entendrais parler d'un navire de cette force naviguant dans les eaux où il était, et se trouvant au moment de la collision sans aucuns feux. Je ne puis pas m'empêcher de penser qu'il y a de fortes présomptions, dans un cas de ce genre, pour que les feux fussent allumés.

Ceci étant posé, bon nombre de témoins ont été appelés des deux côtés. Plusieurs, aussi bien du remorqueur que du *Woodburn*, ont juré que les feux étaient bien à leurs postes ; l'homme chargé de les placer était dans le nombre et a affirmé que les lumières brûlaient et brûlaient bien, au moment de la collision et avant la collision.

D'un autre côté, il y a un plus grand nombre de témoins du *Saint-Germain* qui ont juré qu'ils auraient été à même de voir le feu vert du *Woodburn*, et qu'ils ne l'ont pas vu. Mais je crois que la plupart de ces témoins occupaient sur le *Saint-Germain* des postes tels qu'ils ne pouvaient voir aucun feu du *Woodburn*, et c'est pour cela *qu'ils déclarent qu'il n'y en avait pas*.

J'ai à juger entre ces deux assertions, et je *n'hésite pas à dire que je crois* que les feux étaient allumés.

C'est un devoir désagréable d'avoir à se prononcer entre des témoins de deux opinions différentes qui sont aussi affirmatifs dans leurs assertions les uns que les autres. Je pense qu'il est possible, comme il n'y avait pas de vent, que la fumée du remorqueur ait pu jeter un voile sur le *Woodburn* et ait caché ses feux. Il n'y a pas de preuve que cela se soit passé ainsi, et je ne pourrais pas faire bénéficier le *Saint-Germain* de l'absence de preuves, s'il y avait une raison plus grande que celle qui existe en réalité, de supposer que la fumée a obscurci les feux, parce que je pense que la conduite de ce navire est tout à fait injustifiable, même en sup-sant que le *Woodburn* n'avait pas ses feux.

Cependant, je décide et je *n'éprouve pas d'hésitation* à décider que le *Woodburn* avait ses feux, et que si la surveillance avait été plus vigilante, ils auraient été aperçus par les hommes qui étaient à bord du *Saint-Germain*.

Il était essentiel de faire cette remarque parce que, comme je vais l'établir de suite, quoique je considère la manœuvre du *Saint-Germain* comme absolument inexcusable, même s'il n'y avait pas eu de feux à bord du *Woodburn;* si j'avais acquis cependant la certitude qu'il n'y en avait pas, il aurait encore été de mon devoir de le trouver blâmable et responsable en partie de la collision, parce qu'il n'a pas obéi au règlement, et s'est placé dans un cas qui a pu contribuer ou causer la collision.

Maintenant passons à la manœuvre du *Saint-Germain*.

Prenons le rapport de son propre officier de quart, et voyons s'il est possible de le justifier.

Il fait une route qui croise le *Woodburn* et son remorqueur, de telle façon qu'aussitôt après avoir aperçu le feu blanc du remorqueur, il voit le feu vert, c'est-à-dire que les navires se croisaient et que le *Saint-Germain* avait les deux autres par son bossoir de bâbord, tandis que le groupe anglais avait le *Saint-Germain* par tribord. C'est le devoir du *Saint-Germain* de continuer sa course, et, presque immédiatement, l'officier dn *Saint-Germain* croit devoir changer de direction au lieu de continuer sa route ; suivant sa version, il la change de 5 quarts, en mettant sa barre toute à tribord et ramenant ainsi l'avant du navire de l'Ouest au Sud-Ouest-quart-Sud. Cela me paraît être une violation du règlement. Je ne sais pas si le fait, qu'il vit qu'il avait affaire à un remorqueur à vapeur, et à quelque chose qui était remorqué, pouvait être une raison suffisante pour l'autoriser à transgresser le règlement applicable à deux vapeurs non réunis par des remorques. Je ne veux pas entrer dans cette question ; j'observe simplement que, évidemment, dans le premier cas, il a transgressé ce règlement. Mais, si en manœuvrant ainsi, il n'a pas placé les vaisseaux tribord à tribord, dans une position sûre, cependant il pourrait peut-être se justifier d'avoir abordé le *Woodburn*, si ce dernier n'avait pas eu de feux !

Il dit, qu'à un certain moment de l'action, il donna un ordre de mettre la barre : « Droit comme ça ! »

Je réponds que cela peut avoir été ainsi, et je pense qu'il est parfaitement évident quelqu'ait été l'ordre, que le mouvement de la barre a eu lieu et que le navire a été ramené à une *distance considérable* vers sa route primitive.

Il est évident que les choses se sont passées ainsi, puisque le capitaine du *Saint-Germain*, qui a fait sa déposition d'une façon remarquablement claire et loyale, dit « qu'il observa que le *Saint-Germain* était dans une position telle, que s'il n'avait pas ordonné de mettre la barre immédiatement à tribord, c'est-à-dire ordonné de faire venir l'avant sur babord, il aurait passé juste entre le remorqueur et le *Woodburn*. » Ceci montre qu'après être venu sur babord, de la quantité dont parle l'officier de quart du *Saint-Germain*, le paquebot fut reporté vers sa direction primitive, et ainsi ramené, sous l'influence de sa barre redressée ou mise même à babord. Je suis très frappé de ce fait qu'il n'y a eu qu'un seul ordre donné à bord du *Saint-Germain* depuis le commencement jusqu'à la fin, qui ait été un ordre correct, et cet ordre est celui donné par le capitaine, qui monta au dernier moment et comprit alors la situation. Il dit que « s'il n'avait pas donné ce commandement, le *Saint-Germain* eût été coupé en deux. »

C'est le seul commandement *vraiment judicieux* donné à bord de ce bâtiment avant l'abordage.

Maintenant, pour continuer le rapport de l'officier de quart, M. Le Bigot, quel est son cas? « Je voulais passer à l'arrière du remorqueur à une distance d'environ 300 mètres, et je me décidai à agir ainsi, parce que je ne pouvais pas voir ce qu'il remorquait, et que je supposais que c'était un petit bateau. Je pensais qu'il remorquait quelque chose, parce que ses deux feux blancs se trouvaient dans une position verticale. Je résolus d'essayer de passer (ayant une vitesse de 13 à 14 nœuds à l'heure), à une distance de seulement 300 mètres à l'arrière de ce bateau, pensant qu'il remorquait quelque chose. »

Véritablement on ne peut avoir l'idée d'une pareille insouciance.

Mais cela ne se termine pas ainsi, parce que M. l'avocat Russel lui demanda : « Quelle vitesse supposez-vous au remorqueur? »

Six nœuds!

Mais si la vitesse était moins grande, il est parfaitement évident que les 300 mètres se trouvaient immédiatement réduits à un chiffre beaucoup plus petit. C'est-à-dire que ne sachant pas à quoi il avait à faire, il se décida à marcher à une vitesse de 13 à 14 nœuds à l'heure, tout près de l'arrière de ce bateau.

Je n'ai jamais, dans le cours de ma carrière au barreau, connu un cas de navigation plus incorrect.

Dans ces conditions, je n'hésite pas à dire que le *Saint-Germain* seul est à blâmer.

J'ai parlé jusqu'ici de ce qui concerne l'avarie, passons maintenant au sauvetage.

La collision a été très grave, et je pense qu'il est fort heureux pour tous les intéressés que ce puissant remorqueur, le *Recovery*, se soit trouvé là, sans avaries et capable de rendre les services qu'il a rendus. Il n'y a pas beaucoup de doutes, en ce qui concerne l'état du *Saint-Germain*. Par suite de la collision qu'il avait supportée, ses deux compartiments, le premier et le second, étaient remplis d'eau. La seconde cloison étanche, celle qui sépare le second compartiment du troisième, tenait heureusement, car elle seule empêchait une destruction absolue. Le navire *aurait inévitablement coulé*, si cette cloison n'avait pas résisté.

Le *Saint-Germain* avait 462 passagers à bord, et il est plus que probable qu'une grande terreur, si ce n'est une panique, régnait parmi les passagers. Le remorqueur a rendu un service considérable, en prenant ces passagers et en les mettant en sûreté. Mais cela était aussi un très grand service, relativement au sauvetage du chargement, car tout le monde pensera sans doute comme moi que dans la *situation critique dans laquelle se trouvait le Saint-Germain* après la collision, l'équipage avait assez à faire à prendre des mesures pour empêcher l'invasion de l'eau avec violence sur cette cloison ; et il était très à souhaiter qu'il ne fût pas embarrassé par des passagers terrifiés.

J'accepte le rapport du capitaine du navire français constatant que son équipage s'est bien comporté. C'était *un moment critique.* Nul doute que n'importe quel équipage, composé de marins français ou anglais ou d'autres, ne se soit senti très encouragé par la présence du remorqueur, qui a certainement donné du cœur aux hommes qui travaillaient à bord du *Saint-Germain.*

Le service rendu n'a pas été de longue durée ; il n'y a pas eu de remorquage du tout. Le remorqueur a pris simplement les passagers et a accompagné le navire dans un port qui n'était pas son propre port, mais à Plymouth, pendant 10 ou 11 heures. La valeur de la cargaison sauvée est très importante, 121 000 livres sterling. Si l'on considérait les faits d'une façon logique, peut-être ne devrait-on pas faire attention, que le remorqueur a été mêlé ou impliqué dans la collision. Je n'ai pas du tout l'intention d'exprimer un blâme, et l'on devrait peut-être examiner les choses comme si le remorqueur avait été absolument étranger à tout ce qui s'est passé.

Mais il serait très dur de se résoudre à traiter l'affaire de cette façon.

Il est assez naturel de penser que les personnes qui se trouvent mêlées à une affaire de ce genre ont un devoir à remplir, si ce n'est absolument l'obligation de prêter secours.

Prenant en considération toutes les circonstances de cette affaire, nous pensons que les dommages et intérêts doivent rester pleinement dans les limites de la stricte justice en accordant 1000 liv. sterling.

M. Russel. — Vous recevrez pour le remorqueur *Recovery* une demande reconventionnelle.

M. le juge Butt. — Bien, monsieur.

CHAPITRE III

EXAMEN DU JUGEMENT.

Dans ce jugement, M. Butt a discuté et jugé les trois points suivants:

1° L'allumage ou l'extinction des feux du *Woodburn*;

2° La manœuvre du *Saint-Germain*;

3° L'indemnité à accorder au *Recovery*, pour le service rendu par ce bâtiment pendant le sauvetage.

Nous allons les examiner successivement et en suivant l'ordre qui a été adopté par le juge.

1er point. « La première question que j'ai l'intention de prendre en considération est celle-ci : Le *Woodburn* avait-il les feux rouge et vert? »

Comme nous l'avons dit plus haut, 8 témoins anglais ont juré sur la Bible que les feux du *Woodburn* étaient allumés. — 11 témoins français ont affirmé sous la foi du serment que les feux de ce bâtiment étaient éteints.

Évidemment, si une de ces deux catégories a dit la vérité, l'autre a fait un faux serment. Comme la loi anglaise punit les faux témoignages, le premier devoir du juge était de faire tous ses efforts pour les découvrir, dans une cause où de si graves intérêts se trouvaient en jeu; d'autant plus que les faux témoins n'avaient de raison d'être que par suite d'un motif d'intérêt sur lequel le tribunal devait se prononcer.

Rien n'a été fait à cet égard à l'audience. Nous n'avons pas à apprécier le fait, que nous constatons seulement en le regrettant et le signalant.

M. Butt se contente de dire : « C'est un devoir désagréable d'avoir à se prononcer entre des témoins de deux opinions différentes qui sont aussi affirmatifs dans leurs opinions les uns que les autres. »

On est obligé d'avouer, qu'au lieu de se plaindre « du devoir désagréable » dans une situation semblable, un juge souverain, armé de toute la puissance et des droits que confère la loi, s'en servirait plus utilement en cherchant à déterminer, par tous les moyens que la justice met à sa disposition, quels sont les hommes qui, dans un but intéressé et criminel, ont trahi leurs serments et quels ont été leurs complices.

M. Butt n'hésite pas : « Cependant, je décide, et je n'éprouve pas d'hésitation à décider, que le *Woodburn* avait ses feux, et que si la surveillance avait été plus vigilante, ils auraient été aperçus par les hommes qui étaient à bord du *Saint-Germain*. »

Il donne pour cela les deux raisons suivantes, que le lecteur pourra apprécier à leur juste valeur sans qu'il soit utile d'insister davantage.

1° Les petits navires peuvent ne pas avoir de feux, même des bâtiments d'un certain tonnage, par les latitudes élevées où les nuits sont très claires.

M. Butt ajoute : « Ce serait la première fois que j'entendrais parler d'un navire de ce tonnage naviguant dans les eaux où il se trouvait et n'ayant aucuns feux au moment de la collision. Je ne puis pas m'empêcher de penser qu'il y a de fortes présomptions, dans un cas de ce genre, pour que les feux fussent allumés. »

2° M. Butt donne alors une explication qui paraît le satisfaire et le décider à adopter, comme véritable, la déposition assermentée de la minorité des 8 témoins anglais et à repousser la déposition, assermentée également, des 11 témoins français.

« Je pense, *comme il n'y avait pas de vent*, que la fumée du remorqueur a pu jeter un voile sur le *Woodburn* et cacher ses feux. »

La conclusion du juge est que les feux du *Woodburn* auraient été vus par les témoins du *Saint-Germain*, « si la surveillance avait été plus vigilante. »

Alors, il prend la décision suivante : « Je décide, et n'éprouve pas de peine à décider que le *Woodburn* avait ses feux. »

Le capitaine du *Saint-Germain* a fait un rapport, daté de Plymouth le 27 août 1883, pour rendre compte à la Compagnie transatlantique des diverses circonstances de l'abordage. Ce rapport, qui faisait partie du dossier, a reçu dans le jugement de M. Butt une approbation si complète qu'il s'exprime, à plusieurs reprises, dans les termes suivants : « Il est évident que les choses se sont passées ainsi, *puisque le capitaine du Saint-Germain qui a fait sa déposition d'une façon remarquablement claire et loyale dit....* »

Dans un autre passage, quelques lignes plus loin, M. Butt fait encore l'éloge du capitaine du *Saint-Germain*.

« Jo suis très frappé de ce fait, qu'il n'y a eu qu'un seul ordre donné à bord du *Saint-Germain*, depuis le commencement jusqu'à la fin, qui ait été un ordre correct, et cet ordre est celui qui a été donné par le capitaine, qui monta au dernier moment et comprit la situation.

« C'est le seul commandement *vraiment judicieux* donné à bord de ce bâtiment avant l'abordage. »

Il y a une chose qui nous surprend beaucoup, en étudiant le jugement. M. Butt se sert longuement du rapport du capitaine du *Saint-Germain*, dans le but d'écraser l'officier de quart M. Le Bigot, et d'arriver à dire : « Dans ces conditions je n'hésite pas à affirmer que le *Saint-Germain* est seul coupable. » Il faut bien remarquer, que si les deux derniers points ont été exclusivement discutés et jugés à l'aide de ce rapport et de celui de M. Le Bigot, il est fâcheux que M. Butt ait omis d'agir de même, *pour le premier point qui était le nœud vital du procès.* Il y aurait trouvé un moyen certain de lever tous ses doutes, de rendre « *son devoir moins désagréable* », et surtout il ne serait pas arrivé à un résultat aussi regrettable pour la justice, c'est-à-dire à écarter une majorité de 11 témoins assermentés pour donner raison à une minorité de huit.

Il y a dans ce rapport du capitaine : « Je continuai ma course jusque sur la petite plate-forme qui domine la passerelle et *je vis un navire sans feux qui n'était autre que le remorqué.* »

Est-il possible de trouver une déposition plus précise?

Elle a été également affirmée à l'audience sous la foi du serment, par le capitaine du *Saint-Germain*.

Que devient, au moins pour ce témoin, la raison suivante donnée par M. Butt?

« Mais je crois que la plupart de ces témoins occupaient sur le *Saint-Germain* des postes tels qu'ils ne pouvaient voir aucun feu du *Woodburn*, et c'est pour cela qu'ils déclarent qu'il n'y en avait pas. »

Quand un officier d'une marine militaire commandant un bâtiment, vient affirmer, dans des termes semblables, et sous la foi du serment, que le *Woodburn* n'avait pas de feux, nous sommes plus que convaincu, nous sommes certain, que les feux du *Woodburn* étaient éteints.

Nous donnons les grades, les noms et les postes des onze témoins du *Saint-Germain* dans le tableau ci-dessous :

Bonnaud, lieutenant de vaisseau, capitaine du *Saint-Germain* ;

Le Bigot, capitaine au long-cours, officier de quart pendant l'abordage ;

Le Marellec, deuxième maître de manœuvre du quart ;

Leduger, homme de veille aux bossoirs ;

Levier, id.

Romy, timonier, qui était à la barre ;

Le Méc, timonier, de quart, chargé de la surveillance des feux ;

Le Collen, matelot de quart.

Bideau, id.

Schœnmetzler, chef mécanicien, qui se trouvait sur le pont avant l'abordage ;

Morel, officier mécanicien de quart.

(Parmi les témoins du *Recovery* et du *Woodburn*, se trouvaient le patron du *Recovery* et un officier mécanicien du *Woodburn*. Les autres témoins étaient des matelots de ces deux navires.)

En étudiant ce tableau, on se demande comment et pourquoi M. Butt a pu écrire, dans son jugement, la phrase destinée à annuler les onze témoignages français ?

Le capitaine du *Saint-Germain* ;

L'officier de quart ;

Le second maître de manœuvre de quart ;

Les deux hommes de veille aux bossoirs ;

L'homme de barre ;

Le timonier de quart chargé de la surveillance des feux ;

Deux matelots de quart.

Nous le demandons à tous les marins, quelle que soit leur nationalité : Quel est celui de ces neuf hommes qui occupait un poste de nature à décider un juge à écarter sa déposition assermentée ? Les postes et les fonctions de ces neuf témoins, loin de les empêcher de voir le feu vert, leur imposaient le devoir de le reconnaître et de veiller.

M. Butt serait bien embarrassé assurément, si on le priait de citer, à bord d'un navire, 9 postes où on pouvait mieux voir le feu vert du *Woodburn*.

Nous pourrions ajouter un douzième témoin qui a bien son importance, bien qu'il n'ait pas paru à l'audience et que sa déposition n'ait pas été faite sous la foi du serment devant le juge. Le lecteur lira avec intérêt l'extrait suivant d'une lettre du 10 octobre 1883, écrite de la Havane par M. Dussaq, passager du *Saint-Germain*, aux administrateurs de la Compagnie transatlantique. Ce document est si précis et si affirmatif qu'on peut bien dire qu'il a, dans la circonstance, une importance toute particulière ; aussi le recommandons-nous spécialement à l'attention de M. Butt, à titre de renseignement rétrospectif.

La Havane, le 10 octobre 1883.

Messieurs les administrateurs de la Compagnie Générale Transatlantique,

5, rue Halévy,

Paris.

Messieurs,

. . . .
. . . .
. . . .

Je déclare les faits suivants :

1° Moins d'une minute après l'abordage, j'étais sur le pont et ce court laps de temps ne surprendra personne car me rendant immédiatement compte de ce qui s'était passé (c'était mon 2° abordage à la mer), je ne perdis pas de temps dans ma cabine qui se trouvait au pied de la descente des premières. Je pus voir à 50 mètres environ de nous par bâbord arrière du *Saint-Germain*, le *Woodburn*, par son travers sur le point de couler bas. Je n'hésite pas à affirmer que dans cette position j'aurais aperçu au moins le reflet d'un de ses feux, qui m'eût frappé dans la nuit, s'ils eussent été allumés. Or, je ne vis rien que la masse sombre du navire en perdition. J'estime la distance à laquelle nous étions du *Woodburn*, par la clarté avec laquelle me parvenaient les cris de détresse de son équipage ;

2° Tenant à être immédiatement fixé sur notre sort probable et ne pouvant l'être mieux que par mon excellent et très brave ami le commandant Bonnaud, je courus le rejoindre sur la passerelle, où je le trouvais seul, avec l'officier de quart au télégraphe de la machine. La situation était trop critique, l'accident venait de se produire trop immédiatement auparavant (trois minutes environ), pour qu'aux yeux de qui que ce soit il puisse exister le moindre doute sur l'absolue vérité de ce qu'il me dit à ce moment où il avait à songer à toute autre chose qu'aux nécessités d'un procès futur. Or, le commandant Bonnaud m'affirma que le navire coulé dont nous ignorions encore la nature, n'avait pas ses feux réglementaires allumés, au moment de l'abordage.

. . . .

. . . .

Outre l'usage que vous pourrez faire de cette lettre, je suis tout disposé à confirmer sous serment tout ce qu'elle contient et à l'amplifier si c'était nécessaire de tout ce que peuvent me fournir mes souvenirs, d'autant plus vifs que je ne me suis séparé du commandant Bonnaud qu'au moment où le *Recovery* débordait le *Saint-Germain* et que, par conséquent, je suis peut-être plus à même que d'autres, de connaître exactement les détails de ce qui s'est passé dans la nuit du 25 au 26 août dernier.

Je souhaite, Messieurs, que mon témoignage puisse vous être de quelque utilité, et dans cet espoir je vous prie d'agréer l'expression de mes sentiments distingués.

(*Signé* :) M. Dussaq.

Remarquons bien du reste que les témoins anglais sont au nombre de huit, et que nous avons neuf témoins du *Saint-Germain* écartés incontestablement à tort (les dixième et onzième témoins sont des officiers mécaniciens).

Tout le monde sait que les fonctions du personnel mécanicien ne peuvent pas lui permettre de voir ce qui se passe ordinairement sur le pont, attendu que la machine et les chaudières sont toujours placées au fond du navire.

Toutefois, pour une raison quelconque, même de service, un officier mécanicien de quart et le mécanicien en chef, peuvent être appelés sur le pont, et dans ce cas, s'ils ont bonne vue, comment ne seraient-ils pas aussi bien que d'autres en mesure de constater le fait matériel, l'extinction des feux du *Woodburn* ?

En admettant que le titre de mécanicien soit une exclusion aux yeux de M. Butt, il reste toujours un chiffre de neuf témoins français, supérieur au chiffre de huit témoins anglais, qui ont été rejetés sans aucun motif.

On se représente difficilement un volume de fumée noire, sortant de la cheminée d'un remorqueur en assez grosse masse pour voiler le feu du *Woodburn*, surtout par temps calme et avec une faible vitesse.

La houille anglaise ne mérite pas un pareil reproche et la supposition de M. Butt n'est pas sérieuse, car tout marin sait que la fumée d'un vapeur n'est couchée horizontalement que par *vent frais* ou par allure *très rapide*.

On s'explique très bien l'extinction des feux du *Woodburn*, à trois heures du matin : maintenir des feux allumés exige une grande surveillance.

En admettant que les feux du *Woodburn* aient été allumés le 25 août à la nuit, la vigilance a dû se relâcher par le motif que le *Woodburn* était remorqué, et qu'il a compté sur les feux du remorqueur.

Quoi qu'il en soit, en droit et en équité, une majorité de témoins ne peut pas être sacrifiée à une minorité, quand tous sont également assermentés.

Entre l'Angleterre et Cherbourg, il y a un service régulier de deux steamers, qui partent de Cherbourg tous les deux jours et se rendent à Southampton et à Weymouth.

Le capitaine d'un de ces bâtiments nous a affirmé, à l'époque de la collision, que tout le monde savait à Southampton que le *Woodburn* n'avait pas ses feux.

La même opinion publique existait à Plymouth. Le fait nous a été assuré par un Anglais qui habite Cherbourg et qui a passé par Plymouth à la même époque.

Une dernière *preuve* de l'extinction des feux du *Woodburn* aurait dû se présenter à l'esprit d'un juge aussi expérimenté que l'est M. Butt, dans les questions de feux et de manœuvres à la mer.

Nous avons établi précédemment, comme un axiome, cette vérité : « Un navire ne peut pas mettre le cap entre deux feux verts et faire un abordage. » C'est de toute impossibilité. Il en résulte, comme conséquence logique, que le fait même de l'abordage est une preuve manifeste que le second feu était éteint. Le jugement de M. Butt nous permet de l'établir.

L'officier du *Saint-Germain* voulant passer sur l'arrière du groupe fait une abattée de cinq quarts (angle de 56°) sur bâbord. A ce moment, « il donna l'ordre de mettre la barre droite. » M. Butt ajoute quelques lignes plus loin : « Ceci montre qu'après être venu sur bâbord, de la quantité dont parle l'officier de quart du *Saint-*

Germain, le paquebot fut reporté vers sa direction primitive et *ainsi ramené sous l'influence de sa barre redressée ou mise même à bâbord.* »

Que la barre ait été simplement redressée ou bien mise à bâbord, peu importe.

Le point *capital*, attesté par M. Butt dans son jugement, est celui-ci : « Je pense qu'il est parfaitement évident, quel qu'ait été l'ordre, que le mouvement de la barre était opéré, et que le navire a été *ramené à une distance considérable* vers sa route primitive. »

A quoi bon revenir sur tribord, et encore « d'une quantité considérable, » pour mettre le cap entre deux feux et courir volontairement à la mort ?

Jamais l'abordage n'aurait eu lieu si le feu vert du *Woodburn* avait été allumé, quelle qu'ait été la manœuvre de l'officier du *Saint-Germain*. Le désastre en est une dernière preuve.

La Compagnie transatlantique trouvera peut-être aujourd'hui, trop tard il est vrai, qu'elle a abandonné sa cause et le capitaine du *Saint-Germain* avec une facilité et une résignation que nous lui connaissions bien quand il s'agit de son personnel, mais qui n'a jamais été dans ses habitudes, quand il s'agit de ses propres intérêts.

M. Butt s'exprime encore ainsi :

« *Cependant, si j'avais acquis la certitude* qu'il n'y avait pas de feux, il aurait encore été de mon devoir de trouver le *Saint-Germain* blâmable et *responsable en partie* de la collision, parce qu'il n'a pas obéi au règlement et s'est placé dans un cas qui a pu contribuer à la collision. »

Le juge déclare donc solennellement que si les feux (dont nous venons de lui prouver le non-allumage au moment de la collision) avaient été éteints, son jugement aurait été tout autre que celui qu'il a rendu. Dans le discours qu'il a tenu à l'audience, en ouvrant la séance, avant l'audition du premier témoin, M. Butt avait été plus précis encore que dans son jugement, puisqu'il a déclaré que, dans le cas où il serait prouvé par l'audition des témoins que le *Woodburn* n'avait pas ses feux allumés, il ne saurait exonérer le *Saint-Germain* de toute responsabilité. — « Dans ce cas, il pourrait reconnaître seulement qu'il y a eu faute des deux côtés et, par suite, les parties seraient renvoyées dos à dos. »

La Compagnie transatlantique a accepté son sort et elle a eu ort. Quand on a dépensé plus d'un million pour un procès, même quand on a des chances de perdre cinquante ou cent mille francs de plus en appel, il nous semble qu'avec les arguments que nous venons d'exposer, et que l'opinion peut apprécier, c'était un devoir national pour la Compagnie française transatlantique de demander réparation et justice, en s'adressant à d'autres juges.

2° point. — M. Butt a employé la plus grande partie de son jugement à discuter les deux rapports du capitaine et de l'officier de quart du *Saint-Germain*.

Il aurait pu se dispenser de ces longueurs tout à fait superflues, puisqu'il a prononcé en quelques lignes, au début, la condamnation de la manœuvre du *Saint-Germain*, par la constatation de la violation de l'article 16 de la loi des abordages.

Il s'exprime ainsi :

« C'est-à-dire que les navires se croisaient et que le *Saint-Germain* avait les deux autres par son bossoir de bâbord, tandis que le groupe anglais avait le *Saint-Germain* par tribord. *C'était le devoir du Saint-Germain de continuer sa route.* »

« Cela me paraît être une violation du règlement. »

M. Butt ne veut pas examiner la question du groupe, c'est-à-dire la discussion de l'article 20 de la loi ainsi conçu : « Quelles que soient les prescriptions *des articles qui précèdent,* tout bâtiment à vapeur ou à voiles qui en rattrape un autre doit s'écarter de la route de celui-ci. »

Voici le passage : « Je ne veux pas entrer dans cette question. Je ferai observer simplement que dans le premier cas le *Saint-Germain a transgressé le règlement...* » Et quelques lignes plus bas, il ajoute : « Cependant, en manœuvrant ainsi, il pourrait peut-être *se justifier* d'avoir abordé le *Woodburn*, si ce dernier n'avait pas eu de feux. »

Ces simples lignes *suffisaient,* sans autre développement de la part du juge, pour condamner la manœuvre du *Saint-Germain*.

On trouve encore là une dernière excuse, pour le *Saint-Germain*, dans la pensée de M. Butt, dans le cas de l'extinction des feux du *Woodburn*, extinction manifeste que nous avons démontrée plus haut.

3° point. — L'indemnité du *Recovery* pour le sauvetage est juste en principe.

Tout service mérite salaire ; c'est un principe économique dont nous ne pouvons contester la justesse. Le remorqueur *Recovery*, après la disparition du *Woodburn*, a pris à son bord les passagers du *Saint-Germain* et les a déposés à 30 milles du lieu du sinistre, dans le port de Plymouth. M. Butt a accordé une indemnité de 25 000 francs qui n'a pas satisfait la compagnie anglaise, dont les prétentions étaient beaucoup plus grandes.

En France, nous sommes moins pratiques.

Dans une semblable circonstance, un remorqueur français se serait trouvé suffisamment récompensé du léger préjudice occasionné par un trajet de 30 milles, en pensant que c'est un devoir de venir au secours de ses semblables, ou il aurait demandé au plus le remboursement du charbon consommé.

Le « leader » M. Russel n'a pas été de cet avis. Les 25 000 francs accordés par M. Butt ne l'ont pas satisfait, et il a dit au juge : « Vous recevrez pour le *Recovery* une demande reconventionnelle. »

M. Butt a rendu justice à l'équipage du *Saint-Germain*, dans les termes suivants : « J'accepte le rapport du capitaine du navire français constatant que son équipage s'est bien comporté. C'était un moment critique. »

Nous exprimons le regret que cet éloge si mérité ait été gâté par la phrase qui suit et qui aurait pu être supprimée sans inconvénient après les épreuves de tous ces braves gens. « Nul doute que n'importe quel équipage composé de marins français, anglais ou autres, *ne se soit senti très encouragé* par la présence du remorqueur qui a certainement donné du cœur aux hommes qui travaillaient à bord du *Saint-Germain*. »

Après une condamnation si sévère, cet acte de justice *rendu sans restriction* à un équipage français aurait pu adoucir quelque peu la blessure cruelle qu'il venait de recevoir.

Nous sommes véritablement surpris que, dans une cause de cette importance, le « leader » du *Saint-Germain* se soit complètement désintéressé de l'affaire et qu'il ait à peine parlé pendant quelques minutes à l'audience.

Nous ne comprendrons jamais que la discussion des trois articles 11, 16 et 20 de la loi internationale n'ait pas été soutenue par M. Webster ; qu'il n'ait pas réagi contre l'opinion de M. Butt, en démontrant au tribunal qu'un juge ne peut pas, sur une simple présomption, et sous le prétexte spécieux que la fumée du remorqueur a pu voiler les feux du remorqué, écarter des témoins tels qu'un lieutenant de vaisseau, chevalier de la Légion d'honneur et capitaine du *Saint-Germain*, qui lui a affirmé, sous la foi du serment (avec sa loyauté reconnue par le jugement), que le *Woodburn* n'avait pas ses feux.

N'était-ce pas le premier devoir du « leader » de faire ressortir, avec tout l'éclat de son talent, que les hommes du *Saint-Germain*, appelés devant le juge, occupaient *les meilleurs postes* qu'on peut avoir à bord d'un navire, pour bien voir et apprécier les mouvements extérieurs? M. Webster devait s'attacher à ce point, avec d'autant plus d'obstination, que le juge avait déclaré, avant l'audition du premier témoin, que son opinion était malheureusement établie d'avance.

En justice, comme à la guerre, il faut tomber en combattant; mais on ne doit jamais abandonner ses armes.

On a pu remarquer que le jugement apprécie seulement les faits et qu'il se borne à prononcer la condamnation ou l'acquittement, sans fixer le chiffre de l'indemnité que doit payer la partie condamnée à la partie adverse.

La détermination de cette indemnité incombe à un juge étranger à l' « Admiralty Court ». — Cet autre juge est, croyons-nous, un capitaine au long cours retraité, qui siège au ministère de la marine à Londres.

La loi anglaise répartit ainsi entre deux juges différents les décisions à rendre sur la culpabilité et sur l'application de la peine. — L'intention est bonne : on a voulu mettre ainsi le premier juge à l'abri des soupçons et lui donner une plus grande indépendance. — Mais, après le jugement rendu à propos du *Saint-Germain*, on peut se demander si le but que se proposait le législateur n'est pas manqué, quand il s'agit d'un litige où les parties engagées sont de nationalités différentes.

TROISIÈME PARTIE

APRÈS LE JUGEMENT

CHAPITRE PREMIER

FAUTES COMMISES PAR LA COMPAGNIE GÉNÉRALE TRANSATLANTIQUE A PROPOS DU PROCÈS *SAINT-GERMAIN — WOODBURN*.

Nous allons examiner maintenant les fautes commises par la Compagnie transatlantique, qui ont eu une influence fâcheuse sur l'issue du procès.

PREMIÈRE FAUTE.

La caution de 1 125 000 francs qu'il a fallu déposer, pour libérer le *Saint-Germain* et pouvoir le conduire à Southampton, a été pour la Compagnie transatlantique un gros embarras.

On a dû correspondre avec plusieurs maisons de banque de Londres, et toutes ces démarches, *qui ont demandé environ huit jours,* ont fait perdre de vue le point capital du procès.

Nous nous demandons comment une grande compagnie maritime, qui compte déjà vingt années d'existence et de subvention, n'a pas su se créer une caisse de réserve bien dotée et s'augmentant à la fin de chaque exercice. — On aurait ainsi, aux époques de tristesse et de revers, un secours puissant et commode, recommandé du reste par le système adopté par la Compagnie transatlantique, d'être elle-même l'assureur de sa flotte.

Cette caisse aurait rendu, en d'autres circonstances, de nombreux services à la Compagnie transatlantique.

Une fois, entre autres, il s'agissait d'une somme moins importante que pour le *Saint-Germain*, 8000 livres sterling environ (ou

200 000 francs) à l'occasion d'une saisie opérée en pays anglais sur le paquebot *Ville-de-Tunis* ou *Ville-de-Bône;* et la Compagnie dut recourir, pour garantir cette somme, à un banquier de Londres qui, le procès perdu, rentra trop lentement en possession de ses avances. — De là, les difficultés que la Compagnie transatlantique a rencontrées à Londres à l'occasion de la garantie nécessaire pour délivrer le *Saint-Germain.*

Quoi qu'il en soit, ces préoccupations relatives à la question financière ont eu une conséquence fâcheuse sur le procès. On a perdu *huit jours* qui auraient été utilement employés à préparer la défense. Il était trop tard ; le mal était fait, et irréparable, quand sont arrivées les instructions adressées par l'administration à son agent de Plymouth, dans lesquelles on lui recommandait de s'entendre avec les intéressés anglais au sujet des dépositions des adversaires du *Saint-Germain.*

Ce n'était pas, au bout de huit jours, et à Liverpool, où se trouvaient actuellement les survivants du *Woodburn* et du *Recovery,* mais bien à Plymouth, le jour même du sinistre, qu'il fallait dire aux deux équipages anglais : « Nous vous donnerons comme récompense du sauvetage des passagers du *Saint-Germain* une somme de 75 000 francs ou 100 000 francs, si vous confessez la vérité, c'est-à-dire si vous affirmez que les feux du *Woodburn* étaient éteints.

On préfère toujours être récompensé en ne mentant pas à sa conscience.

Aussi, est-il probable que les marins anglais, qui n'avaient pas encore subi l'influence de leurs armateurs et hommes d'affaires, auraient accepté cette honnête transaction toute spontanée; et M. Butt ne se serait pas trouvé à l'audience dans la situation désagréable « *d'avoir deux catégories de témoins très affirmatifs en sens tout à fait opposé.* »

La fortune aurait certainement été moins rigoureuse, si on avait, dès l'origine, concentré tous ses efforts pour faire triompher la juste cause. Une autre fois, si l'occasion vient à se présenter, au lieu de télégraphier au capitaine : « Attendez chef du service technique du Havre, ainsi que représentant du contentieux de Paris, » la Compagnie fera bien de transmettre sans retard à son capitaine l'ordre suivant :

« Agissez au mieux de nos intérêts après entente avec notre agent. »

La lenteur, qui a pris naissance dans des embarras financiers, est la plus grosse faute que la Compagnie ait à se reprocher.

DEUXIÈME FAUTE.

Le choix d'un « solicitor » étranger à « l'Admiralty Court » a été également une faute grave.

Il fallait prendre un « solicitor » spécialiste : un « proctor ».

On le conçoit aisément, après ce qui a été dit précédemment relativement à la procédure anglaise.

Un « proctor », à égalité de talent, a sur son adversaire l'avantage de connaître les traditions, les usages, les avocats spécialistes les plus capables, mais il faut avoir bien soin de lui laisser une responsabilité entière. Il connaît les côtés faibles du juge et le moyen de le convaincre. En un mot, il est sur son terrain et au courant de la pratique et des finesses des procès maritimes. — En lui laissant la liberté de choisir ses hommes, on donne à la défense un petit corps, bien homogène, qui n'a qu'un seul objectif : le succès. — La réputation, les intérêts, l'amour-propre sont autant de mobiles qui réunissent tous ces hommes et les font converger vers le même but. Les choses sont différentes quand les avocats peuvent se dire que c'est peut-être l'unique circonstance dans laquelle ils auront des relations avec le « solicitor » étranger au tribunal, qui leur a fait accepter la défense. Si la cause est perdue, leur réputation ne sera pas atteinte ; ils pourront toujours rejeter la faute sur l'incompétence du « solicitor » qui n'a pas su donner à la défense la direction primitive convenable. Le *leader* de la Compagnie transatlantique, M' Webster, plaidait, dans une salle voisine, une autre affaire qui lui a rapporté 480 livres sterling. Pendant le temps de l'interrogatoire des témoins, il avait abandonné à son second, M' Myburgh, le soin de présider à cet interrogatoire. Il ne l'aurait certainement pas fait avec un « proctor » du tribunal. Il ne se serait pas borné à arriver au moment des débats : il aurait assisté à toute la séance, dans la crainte d'être mis de côté plus tard par ce « proctor ». La journée a été bonne, du reste, pour M' Webster qui a reçu encore 180 livres sterling de la Compagnie transatlantique.

TROISIÈME FAUTE.

La Compagnie a commis l'imprudence de livrer des pièces confidentielles, non exigées par la loi anglaise. Ces pièces avaient été adressées à l'administration par le capitaine du *Saint-Germain*. Sur les instances des adversaires, le « solicitor » imprévoyant et le représentant du contentieux de Paris ont tous les deux fourni au juge les seules armes dont il s'est servi, *avec un certain plaisir d'ailleurs*, pour flageller et condamner le *Saint-Germain*.

Un « proctor » n'eût jamais commis cette faute, sur laquelle repose, en grande partie, nous pouvons le dire, la condamnation de la Compagnie transatlantique.

QUATRIÈME FAUTE.

RESPONSABILITÉ PÉCUNIAIRE (LOI ANGLAISE).

En cas de dommage occasionné par un bâtiment à un autre navire, les limites de la responsabilité pécuniaire sont :

15 livres sterling par tonneau de jauge brute s'il y a eu mort d'homme ; 8 livres sterling s'il n'y a pas eu mort d'homme.

Dans la collision du *Saint-Germain*, il y a eu mort d'homme ; le tonnage brut du paquebot est de 3336 tonneaux et le calcul donne par conséquent : $3336 \times 15 = 50\,040$ livres sterl. $= 1\,251\,000$ fr.

La loi anglaise dit également : Quand le juge déclare que les deux parties ont des torts, elles supportent chacune la moitié de l'ensemble des dommages.

Dans la collision actuelle, le *Woodburn* a été perdu corps et biens et l'assurance de la cargaison seule s'élevait au chiffre de 100 000 livres sterling, soit 2 500 000 francs, dont la moitié est de 1 250 000 francs.

Il était bien difficile, dans une cour anglaise, malgré un manquement si grave à la loi internationale des abordages (si réel, bien que le juge ne l'ait pas admis), il était difficile, disons-nous, que la Compagnie transatlantique pût compter sur un *acquittement complet*.

Ce que la Compagnie pouvait espérer, c'était le renvoi des parties dos à dos. Dans ce cas, le plus favorable assurément, sur lequel la Compagnie avait le droit de compter, le procès était pour elle une affaire onéreuse, puisqu'elle aurait eu à payer la moitié du dommage causé au *Woodburn*, 1 250 000 francs, et que sa responsabilité pécuniaire ne dépassait pas ce chiffre.

Que la cause fût perdue complètement ou en partie, le résultat était donc le même, au point de vue pécuniaire, pour la Compagnie générale transatlantique.

En se laissant condamner purement et simplement, et en faisant le sacrifice de sa caution 1 125 000 francs, la Compagnie aurait, par suite, évité la dépense des frais de justice qui sont considérables.

Nous devons dire cependant que si ce raisonnement, qui ne manque pas de justesse sous le rapport essentiellement financier, avait arrêté la Compagnie transatlantique à la porte du tribunal de première instance, le sentiment de l'honneur national lui imposait le devoir d'expliquer devant des juges supérieurs les raisons qui avaient décidé M. Butt à écarter les onze dépositions françaises et à condamner le *Saint-Germain* sur tous les points.

CINQUIÈME FAUTE.

RÉPARATIONS DU « SAINT-GERMAIN » A PLYMOUTH ET A SOUTHAMPTON.

Cette cinquième faute n'a eu aucune influence sur l'issue du procès ; et, si nous la notons, c'est parce qu'elle a eu des conséquences regrettables qui, en atteignant le budget de la Compagnie, ont rejailli sur le capitaine du *Saint-Germain*.

Dès que le *Saint-Germain* fut placé dans un des bassins de radoub de Plymouth, l'amiral Curme, directeur de cet arsenal, demanda au capitaine du paquebot si sa Compagnie voulait faire des réparations complètes ou provisoires. Le capitaine répondit qu'il avait envoyé un télégramme à Paris à ce sujet et qu'il attendait une réponse. Cette réponse arriva le soir même : « *Attendez notre ingénieur du Havre qui est parti avec pleins pouvoirs.* »

L'amiral Curme voulut bien remettre sa décision jusqu'au lendemain.

L'ingénieur du Havre n'arriva à Plymouth que le 20 août dans l'après-midi. Il était trop tard, l'ordre avait été donné de faire des réparations provisoires au *Saint-Germain* et la Compagnie perdit ainsi l'occasion de réparer le paquebot sans déplacement et avec beaucoup moins de frais qu'au commerce. On s'est borné à appliquer sur la coque un soufflage en bois qu'on a fixé solidement aux tôles laissées intactes, à l'aide de boulons écroués à l'intérieur sur des traverses longitudinales.

Cette réparation provisoire a coûté, avec frais de remorquage, dock et autres, une somme de 600 livres sterlings environ, ou 15 000 francs.

La réparation définitive a été faite à Southampton par M. Oswald, et les travaux conduits avec une grande activité ont été terminés le 10 octobre. Le *Saint-Germain* était arrivé dans le port le 4 septembre après une heureuse traversée de Plymouth à Southampton.

La note à payer fit tressaillir et bondir la rue Halévy. On déclara qu'il devait y avoir erreur, et on envoya aussitôt en Angleterre un homme capable et consciencieux (qui avait du reste surveillé à Southampton les travaux de réparation) pour obtenir une réduction de prix.

Celui-ci réclama l'assistance de l'agent de la Compagnie à Plymouth et d'un expert très habile et renommé à Londres. — On éplucha les comptes, et dans l'opinion dudit expert on aurait pu faire une économie de 100 000 francs, si on avait songé à faire appel à la concurrence.

C'était l'avis donné à l'ingénieur par le capitaine et l'agent de Plymouth. Quand le paquebot se trouvait dans la forme de l'arsenal militaire, quand les ouvertures étaient béantes et les avaries parfaitement visibles, c'était alors le moment de faire appel aux grands constructeurs anglais des différents ports. Leur intérêt les aurait fait accourir à Plymouth, ils se seraient prononcés en toute connaissance de cause; la concurrence aurait déterminé le juste prix, et on aurait évité ainsi, au grand bénéfice des actionnaires, un traité de gré à gré avec M. Oswald, constructeur de Southampton.

Quand on se trouve en face d'un contrat signé *et ratifié du reste par l'administration centrale de la Compagnie*, coûte que coûte, il faut savoir se résigner. La somme était fantastique : 200 000 francs sans comprendre les frais de cale sèche et accessoires. Il y a lieu de noter que, M. Oswald ne s'étant pas rendu à Plymouth pour visiter le *Saint-Germain* dans le bassin, le contrat ne pouvait préciser que les prix relatifs aux journées d'ouvriers, au kilogramme de tôle et de cornières employées, etc.; en un mot, le contrat ne pouvait être que très vague.

Toutefois, l'administration transatlantique se sentit si fort exploitée dans cette circonstance qu'elle se décida à adresser une réclamation à M. Oswald. — Ce constructeur se fit longtemps prier, puis voulut bien accepter, en dernier lieu, les propositions de l'expert anglais, M. Walker, choisi par la Compagnie transatlantique sur le conseil de l'agent de Plymouth.

M. Walker et M. Oswald se sont rendus au Havre, ont mesuré sur le *Saint-Germain*, aussi exactement que possible, les matériaux employés, ont discuté les chiffres, et bref, à la suite de ces ennuis qui auraient pu être si facilement évités, et de ces déplacements assez dispendieux, la Compagnie est parvenue à faire diminuer la note d'environ 27 000 francs.

Le résultat final a donc été un trop payé d'environ 73 000 francs, au dire de l'expert même.

La Compagnie transatlantique possède, près de Saint-Nazaire (à *Penhoët*), des chantiers de construction et de réparation pour sa flotte.

Elle avait conçu tout d'abord l'idée bien naturelle d'utiliser cet établissement, important *et surtout très onéreux*, pour faire avec ses propres moyens la réparation du *Saint-Germain*, qui se serait rendu de Plymouth à Saint-Nazaire après la réparation provisoire faite dans l'arsenal anglais.

Le directeur du chantier de Saint-Nazaire, surchargé sans doute par d'autres travaux, n'a pas pu entreprendre la réparation du paquebot qui a coûté si cher en Angleterre. C'est ce qui explique pourquoi l'ingénieur en mission à Plymouth recevait le 20 août au soir un télégramme de Paris, qui lui prescrivait de faire faire la réparation définitive en Angleterre, *en choisissant le chantier offrant les conditions les plus avantageuses.*

Nous possédons sur les chantiers de Penhoët (Saint-Nazaire) une note assez étendue et d'un haut intérêt. Le lecteur la lira avec plaisir. (*Voir à la fin de notre brochure, Note II.*) On y trouve l'expression des plaintes du personnel naviguant et il faut avouer que les faits sont précis, bien articulés, et que les administrateurs studieux et consciencieux, ainsi que les actionnaires qui tiennent légitimement à recevoir de beaux dividendes, feront tous bien de s'assurer par eux-mêmes et *de visu*, de l'exactitude et de la vérité de ces renseignements.

Capitaines et équipages; passagers qui confiez vos existences aux paquebots transatlantiques; gros financiers ou petits actionnaires qui possédez des titres de la Compagnie, tous vos intérêts sont les mêmes et en harmonie avec ceux de l'État qui, par sa grosse subvention accordée, a le devoir d'exercer un contrôle sérieux et efficace.

Le point capital c'est que la flotte soit toujours dans un état d'entretien parfait.

CHAPITRE II

CONGÉDIEMENT DU CAPITAINE DU *SAINT-GERMAIN*.

Quand un homme se trouve frappé et lésé par un événement qu'il n'a pas prévu et qu'il aurait pu conjurer, il est bien rare qu'il s'interroge et qu'il fasse son examen de conscience, en reconnaissant les fautes qu'il a commises. Comment demander alors cet acte de vertu à un être collectif, impersonnel, jaloux de ses pérogatives, ayant la conscience de son infaillibilité relative, et qui a été honoré de la confiance et des suffrages du plus grand nombre de ses actionnaires? Est-il admissible qu'une administration soit assez désintéressée pour venir dire à la grande assemblée de ses actionnaires :

« Nous avons eu un abordage dans la Manche qui vous coûte 1 600 000 francs. Votre capitaine a fait honneur à la marine et à la Compagnie. Il a sauvé votre paquebot, dans une circonstance critique, et les 600 personnes qui se trouvaient à bord lui doivent la vie.

« Dans le procès que nous avons perdu à Londres le 7 décembre dernier, le juge a rendu pleine et entière justice au capitaine du *Saint-Germain*.

« Une commission nommée au Havre par le ministre de la marine, après l'abordage, afin d'émettre un avis sur les causes de cet événement, s'exprime ainsi : « *Quant au capitaine Bonnaud, il a manœuvré avec intelligence et décision; pour nous, il n'encourt aucun reproche.* »

« La commission supérieure des naufrages de Paris, saisie de la question, a émis également sur ce capitaine l'opinion suivante : « *Qu'il y a lieu d'exonérer de toute responsabilité le capitaine du paquebot, M. le lieutenant de vaisseau Bonnaud, dont la conduite dans le sinistre a été digne d'éloges* » (dépêche ministérielle du 15 octobre 1883). Enfin, dans cette même dépêche, le ministre, M. le vice-amiral Peyron, formule ainsi son opinion :

« *J'ai adopté cet avis et je vous prie de notifier ma décision à cet officier, en lui donnant connaissance des conclusions de la commission.* »

« Après l'abordage, nous avons donné au capitaine du *Saint-Germain* l'ordre de rester à son poste en Angleterre et d'activer les réparations de son navire qui a pu effectuer le voyage du 15 octobre, se rendre à New-York et rentrer au Havre le 12 novembre. Cette double traversée s'est effectuée dans des conditions exceptionnelles de vitesse malgré les mauvais temps éprouvés.

« Aussitôt son retour au Havre, nous avons invité M. Bonnaud à remettre provisoirement son commandement et à se rendre à Londres pour assister au procès qui a été jugé par la Cour de l'amirauté anglaise si contrairement à vos intérêts. En apprenant cette fâcheuse nouvelle, nous avons eu un instant la pensée de demander à d'autres juges réparation et justice.

« Notre intention a été manifestée par notre chef d'exploitation dans une lettre datée du 10 décembre et adressée au capitaine du *Saint-Germain* qui a répondu au président du conseil d'administration dans des termes très dignes et très réservés. » (*Voir à la fin de la brochure les Notes IV et V pour les textes de ces lettres.*)

« Après réflexions, nous avons pris, le lendemain, la résolution d'accepter la sentence du premier juge anglais.

« N'ayant plus alors besoin des services de M. le lieutenant de vaisseau Bonnaud, nous avons écrit le 11 décembre 1883 à notre agent au Havre une lettre dans laquelle nous l'informions que nous nous priverions à l'avenir du concours du capitaine du *Saint-Germain*.

« Notre agent du Havre était chargé de notifier cette décision à M. Bonnaud. (*Voir la Note VI pour le texte de la lettre.*)

« Nous avons considéré comme un devoir de faire un grand exemple en présence du désastre financier que la Compagnie venait d'éprouver.

« Certes, nous sommes obligés de vous confesser que nous avons commis beaucoup de fautes ; mais l'expérience acquise nous servira de guide à l'avenir. Il nous importait, pour le moment, de mettre à l'abri notre responsabilité ; c'est pour cela que nous n'avons pas hésité à vous sacrifier un capitaine que, dans le fond, nous savons parfaitement innocent.

« Il nous reste à vous présenter, messieurs, la note détaillée des frais occasionnés par l'abordage du *Saint-Germain* :

« La condamnation du *Saint-Germain* est de. .   1.251 000 fr.
« Une partie de cette somme (la caution) a été
versée à l'origine par la Compagnie . . . . .   1 125 000 fr.

Différence. . . . .   126 000 fr.

« La différence de 126 000 francs ne sera payée par la Compagnie que le jour où le *Saint-Germain*, contraint par un cas de force majeure de relâcher en Angleterre, se trouvera saisi de nouveau et obligé cette fois de verser les 126 000 francs[1].

« La dépense totale de l'abordage peut se décomposer ainsi :

« Les frais de réparation du paquebot à Southampton.   175 000 fr.
(Puisque nous avons pu obtenir un rabais
de 27 000 francs sur la première note pré-
sentée par M. Oswald.)
« Les frais de docks, bassins, réparations à Plymouth, etc., etc. (environ). . . . .   100 000 fr.
« Frais de procédure (environ). 50 000
« La caution 1 125 000

« Somme actuellement dépensée. . . . .   1 448 000 fr.
« En cas de relâche en Angleterre et de saisie
(*pour mémoire*). . . . .   126 000 fr.

Total général. . . . . . .   1 574 000 fr.

« Ce gros chiffre de dépenses, à côté de nos faibles économies de prévoyance, suffit à expliquer et à excuser notre rigueur. »

Comme nous l'avons dit, un pareil langage ne peut pas sortir de la bouche du conseil d'administration d'une compagnie. Dans des temps de révolution, aux époques de trouble, on voit les gens se dénoncer et s'accuser pour conserver leurs places. Dans les circonstances ordinaires, on préfère trouver une victime assez élevée en situation, pour qu'en la déposant sur l'autel et la sacrifiant sans

---

1. Telle est la triste conséquence d'une législation à la fois trop prévoyante et trop tyrannique.

pitié, l'orage se calme, la masse soit satisfaite ; pour que les choses reviennent à leur cours normal et que l'incident soit terminé.

Il y avait bien un acteur de l'abordage à signaler aux actionnaires. On pouvait le congédier sans injustice ; il était même impossible de le garder plus longtemps dans la Compagnie. Il avait été d'ailleurs vivement blamé :

1° Par le juge anglais,

2° Par la commission du Havre,

3° Par la commission supérieure des naufrages de Paris,

4° Par le ministre de la marine, dans des termes que nous croyons inutile de reproduire pour ne pas augmenter son infortune.

Par la manière dont le capitaine du *Saint-Germain* a été récompensé, on voit que la Compagnie ne tient pas plus compte des services rendus que des opinions étrangères émises par les personnages les plus compétents et les plus haut placés.

Si l'officier de quart du *Saint-Germain* a été congédié, c'est parce que, en dehors de la faute d'ignorance grossière qu'il a commise, il a manqué incontestablement aux trois articles 62, 64 et 101 du règlement de la Compagnie transatlantique (Voir la note VIII pour le texte de ces articles).

L'article 64 impose au lieutenant de quart l'obligation de *ne pas changer la route sans avertir immédiatement le capitaine.*

L'article 62, *dans les cas imprévus, le rend responsable jusqu'à l'arrivée du capitaine.*

L'article 101 lui fait *un devoir de manœuvrer, en cas de rencontres de navires, la nuit, en se conformant aux règles internationales.*

Mais si ces trois articles sont la condamnation de l'officier de quart, par contre, ils mettent entièrement à couvert la responsabilité du capitaine parce que :

1° Il devait être *averti* (et il ne l'a pas été) du changement de route (art. 64), ainsi que dans les cas imprévus (art. 62).

2° *Jusqu'à l'arrivée du capitaine,* le lieutenant de quart *est responsable* des mesures prises par lui ou de sa négligence à prendre les dispositions nécessaires (art. 62).

3° *L'officier de quart avait le devoir de manœuvrer* en cas de rencontre de nuit d'un navire (art. 101).

Si cette responsabilité qui incombe aux officiers de quart, aux termes mêmes de votre règlement, est réelle, comment pouvez-vous incriminer votre capitaine du *Saint-Germain ?*

Dans ce règlement, plein de réserves fâcheuses, il existe bien un article qui pourrait atteindre le capitaine, malgré les articles 92, 94 et 101.

C'est l'article 380, d'après lequel :

« Le capitaine et le second doivent être alternativement sur le pont, jour et nuit, lorsque le navire se trouve dans des *parages dangereux*. »

Mais le règlement ne définit pas ce que la Compagnie entend par *parages dangereux* sur les lignes fréquentées depuis vingt ans par sa flotte. Cette détermination est, en effet, impossible; on le comprend aisément : tel parage qui est dangereux aujourd'hui par suite de la force du vent, de l'état de l'atmosphère et de la mer, cesse de l'être demain si le temps est clair, si le calme s'établit, si la zone des glaces flottantes est franchie, etc., etc.

Nous reconnaissons que tout bâtiment qui est obligé de passer au milieu de bancs, de roches, etc., se trouve alors dans des parages dangereux. Mais la côte anglaise, aux environs de Plymouth, est la terre la plus saine qu'on puisse jamais rencontrer. On peut y aborder à moins d'un mille et le *Saint-Germain* s'en trouvait à 30 milles environ par temps clair et calme complet.

Un parage doit-il être considéré comme dangereux, par le fait seul qu'il peut s'y produire un accident? Dans ce cas, vous feriez bien, dans l'intérêt de vos actionnaires, de faire l'économie du traitement de vos officiers de quart, puisque le capitaine et le second sont tenus par votre article 380 de rester à tour de rôle sur la passerelle.

1° Entendez-vous par parages dangereux ceux qui par tous les temps sont sillonnés de navires?

Sur 74° de longitude à parcourir du Havre à New-York, il y a une étendue de 50° (la Manche et les bancs de Sole, le banc de Terre-Neuve, les environs des bancs Georges et les atterrages de New-York) qu'on peut classer dans cette catégorie; sans compter que sur tout le reste du parcours on est exposé à rencontrer des vapeurs traversant l'Atlantique ou des voiliers croisant dans tous les sens.

2° Entendez-vous par parages dangereux ceux où s'élève une brume intense qui masque complètement la vue?

Dans ce cas, vous avez des zones dangereuses depuis le banc de Terre-Neuve jusqu'à New-York et depuis les îles Scilly jusqu'au Havre. Un grand nombre de traversées se font même entièrement dans la brume.

3° Entendez-vous par parages dangereux ceux où règnent les coups de vent ?

D'un bout du parcours à l'autre, les mauvais temps sont fréquents et redoutables. Ils sévissent particulièrement entre le 15° et le 45° degrés de longitude.

4° Entendez-vous par parages dangereux ceux où flottent les montagnes de glaces qui se déplacent sous l'influence du courant polaire ?

Cette zone dangereuse s'étend du 50° au 58° degrés de longitude pendant une grande partie de l'année.

5° Entendez-vous par parages dangereux ceux qui avoisinent les écueils, bancs, rochers ?

Évidemment oui.

Or, dans une traversée quelconque du Havre à New-York, neuf mois sur douze, on est exposé à rencontrer, suivant les zones qu'on franchit, ces cinq dangers ou tout au moins quatre d'entre eux.

La situation que votre article 380 ferait à vos capitaines et à leurs seconds, s'il était applicable, serait donc de passer tout leur temps alternativement sur la passerelle.

Mais alors pourquoi avez-vous comme officiers de quart des capitaines au long cours responsables en vertu de vos articles 92, 94 et 101 ?

Cet article 380, avec sa rédaction *vague et élastique* ne nous paraît donc figurer à la fin du règlement que comme un moyen commode de rejeter sur un homme une responsabilité qui ne doit pas lui incomber. Dans le cas de l'abordage du *Saint-Germain*, l'application de cet article a été une injustice manifeste que le lecteur peut apprécier et que la Compagnie n'aurait jamais dû commettre.

Les lieutenants de vaisseau qui éprouvent la tentation de commander un grand paquebot de la ligne de New-York feront bien de méditer l'article 380 que nous venons d'analyser. Ils devront relire avec soin le troisième paragraphe de la lettre du 11 décembre 1883 dans laquelle la Compagnie donne un congé définitif et immédiat au capitaine du *Saint-Germain* en lui accordant généreusement 10 jours de traitement et, plus tard, la moitié de sa solde fixe jusqu'au 10 février 1884.

Ces officiers devront aussi se bien pénétrer de l'article 218 du code de commerce qui les met complètement à la merci des pro-priétaires des navires qu'ils commandent,

ARTICLE 218 DU CODE DE COMMERCE :

« *Le propriétaire peut congédier le capitaine.*

« *Il n'y a pas lieu à indemnité s'il n'y a pas de convention par écrit* ».

Les commentaires du code ajoutent :

« *Le propriétaire peut congédier le capitaine sans motif et sans explication, même au moment du départ*[1] ».

Nous avons entendu dire à la rue Halévy : « Nous donnons 24 000 francs environ à nos capitaines et par suite nous sommes plus exigeants que dans la marine militaire ». Il nous semble qu'on a confondu exigences et arbitraire. Les exigences ne peuvent être plus grandes dans une compagnie privée qu'à l'État, et, de ce côté, les lieutenants de vaisseau n'ont rien à redouter. Quant à l'arbitraire, nous les engageons vivement à se garantir contre l'article 380 du règlement de la Compagnie transatlantique et contre l'article 218 du code de commerce par une convention bien méditée, bien rédigée et bien en règle.

Il nous reste encore deux observations à faire :

1° Si la Compagnie a pris subitement, le 11 décembre, la déter-mination de remercier le capitaine du *Saint-Germain*, elle aurait dû lui dire purement et simplement : « *Nous vous congédions parce que nous avons perdu notre procès.* »

Car, si cet officier a manqué aux instructions et au règlement de la Compagnie le 25 août 1885 et si ce manquement a causé l'abordage, pourquoi ne pas l'avoir congédié à cette époque ?

Comment et pourquoi lui avoir fait faire le voyage du 13 octobre du Havre à New-York ?

Est-ce le procès perdu qui a fait surgir l'article 380 ?

---

1. Lire à ce sujet le jugement rendu le 27 février 1884 par la Cour d'appel de Paris (6e chambre) relativement à l'affaire de M. le lieutenant de vaisseau Trudelle qui, con-gédié par la Compagnie générale transatlantique, l'avait attaquée en dommages-intérêts. Ce capitaine a été débouté de sa demande et condamné à tous les frais, par application de l'article 218 du Code de commerce.

Le petit tableau suivant montre suffisamment que la collision n'avait rien fait perdre de son prestige au capitaine Bonnaud et que le nom du *Saint-Germain* n'éloignait pas les passagers.

DÉPARTS DU SAINT-GERMAIN (DU HAVRE A NEW-YORK) :

Du 26 mai,	48 passagers de cabines.
Du 7 juillet,	25 — —
Du 25 août (accident),	124 — —
Du 13 octobre,	80 — —

Ainsi donc, sur les trois voyages du 26 mai, du 7 juillet et du 13 octobre, le chiffre des passagers de cabines dans le voyage qui suit l'abordage est bien supérieur aux chiffres des passagers des voyages qui précèdent.

La Compagnie elle-même était de cet avis, puisque dans son propre journal nous voyons le nom de M. Bonnaud figurer comme capitaine du *Saint-Germain* le 15 décembre, *c'est-à-dire trois jours après son congédiement*, et que les affiches tricolores annonçant le départ du 17 novembre indiquaient en gros caractères le nom du capitaine Bonnaud *qui se trouvait alors en Angleterre.*

2° Après un évènement de mer aussi sérieux que l'abordage du *Saint-Germain* il était du devoir de la Compagnie transatlantique d'ouvrir immédiatement une enquête particulière en dehors des enquêtes officielles faites au Havre et à Paris, par ordre du ministre de la marine.

Le capitaine du *Saint-Germain* avait adressé à sa Compagnie une première demande d'enquête; aussitôt que le paquebot fut mis dans la forme de radoub de Plymouth. Il renouvela plus tard cette demande et le président du Conseil lui fit répondre que l'administration ne trouvait pas le moment favorable pour l'entendre et qu'on l'invitait à rester à son poste en Angleterre. Nous devons ajouter que le capitaine du *Saint-Germain* a été condamné par la Compagnie transatlantique sans avoir jamais été appelé au Conseil d'administration pour y présenter ses moyens de défense.

Nous nous abstiendrons de juger un pareil procédé.

En 1874 la Compagnie transatlantique a supporté une terrible crise; ses actions déjà dépréciées tombèrent à un chiffre extrêmement bas, et la situation devint véritablement critique.

Tout le monde sait comment elle s'est relevée et a pu recouvrer son ancien prestige.

Nous ne saurions donc trop l'engager à faire acte de prudence et de sagesse en ménageant (dans l'intérêt de ses actionnaires) une catégorie de personnel qu'elle a été très heureuse de trouver à l'époque des mauvais jours. La perspective d'un traitement élevé n'est pas indifférente aux lieutenants de vaisseau, mais ce qu'ils apprécient bien plus encore, ce qu'ils ont le droit de réclamer, ce sont de bons procédés, dans la forme et dans le fond, avec plus de sécurité pour leurs situations et plus de garanties pour leurs intérêts[1].

CHAPITRE III

NÉCESSITÉ D'UN CONTROLE EFFICACE.

L'ex-commandant du paquebot *la France*, M. le lieutenant de vaisseau Trudelle, a écrit trois brochures remarquables sur la navigation des bâtiments à vapeur entre la Manche et les États-Unis, ainsi que sur les atterrissages à la sonde à New-York et dans la Manche.

A la fin de la première de ces brochures se trouve un 7e et dernier chapitre qui ne saurait être lu et relu avec trop d'attention.

1. Voir à la fin de la brochure la Note 1 relative au personnel naviguant de la Compagnie transatlantique.

Nota. — En janvier 1884, le paquebot de la Compagnie générale transatlantique, *Olinde Rodrigue*, en venant reconnaître à toute vitesse et sans sonder, par une brume intense, une des pointes de Belle-Ile, s'est échoué sur les roches et s'est fait une large blessure triangulaire ayant 8 mètres de quille pour base et 8 mètres d'étrave pour hauteur. Ce navire est entré à Saint-Nazaire désemparé et ne tenant que sur sa deuxième cloison étanche.

La Commission supérieure des naufrages a infligé un blâme au capitaine avec inscription de la décision sur le folio matricule de cet officier. La Commission a bien voulu tenir compte, dans une certaine mesure, de la raison donnée pour expliquer l'échouage (une déviation imprévue des compas !!!!!!).

La Compagnie transatlantique a prononcé une suspension de trois mois de commandement contre ce capitaine.

Il semblerait donc, par les exemples que nous connaissons, que la Compagnie générale transatlantique apprécie et juge la conduite de ses capitaines d'une manière complètement différente de celle du ministère de la marine.

P.-S. — Au dernier moment nous apprenons que la Compagnie transatlantique, revenant sur sa première mesure, prise avant la décision de la Commission supérieure des naufrages, vient de priver le capitaine de l'*Olinde Rodrigue* du droit de commander un navire de sa flotte.

M. Trudelle signale en quelques pages et avec une grande vigueur d'expression, un mal latent, auquel on ne saurait remédier trop vite, si on veut diminuer le nombre des sinistres maritimes qui augmentent chaque jour. C'est un devoir pour les gouvernements de veiller à la sécurité des équipages et des passagers. L'obligation est plus directe et plus pressante encore quand il s'agit de Compagnies largement subventionnées. L'intérêt du trésor y est engagé et il devient indispensable d'exercer un contrôle sérieux et efficace sur les Compagnies privilégiées, à la place de la surveillance illusoire et purement nominale qui existe aujourd'hui.

Quand un bâtiment navigue pour la première fois, il est reçu par une commission qui lui fait subir les épreuves prescrites par les règlements et prononce ensuite son admission dans le service maritime. A partir de cette réception, il n'existe plus aucun contrôle *effectif*. L'armateur devient souverain et maître absolu, et alors « *on se demande comment des armateurs ou des compagnies peuvent être assez peu soucieux de leurs véritables intérêts pour expédier des navires dans de pareilles conditions, et des marins assez téméraires ou assez peu de leur métier, pour s'aventurer sur ces navires* » (page 45 de la brochure Trudelle). On voit alors des navires qui sortent des ports avec des surcharges considérables, des voies d'eau, des étambots cassés, des machines en mauvais état, des gouvernails avariés, des drosses qui cassent en route et des compartiments qui ne sont pas étanches, etc., etc. (Voir la note n° 2 à la fin de la brochure). On ne doit donc pas être étonné quand « *de temps en temps un de ces steamers disparaît, ou est abandonné si une embellie le permet et si des bâtiments se trouvent en vue pour recueillir le monde.* » Certes, on ne peut pas prévoir ou prévenir les avaries qui peuvent survenir à l'improviste par suite des circonstances diverses de la navigation ; mais, dit M. Trudelle, « *ce que nous prétendons, c'est que lorsqu'une avarie menace dans un organe quelconque un steamer, et surtout un paquebot, il ne soit pas expédié en lui disant : Ça ira bien pour cette fois encore ; il fera beau temps ; on fera ça la prochaine fois ; quand ces avaries concernent la coque, quand une voie d'eau existe, quelque légère qu'elle soit, nous prétendons qu'il ne doit pas être permis de lancer un bâtiment sur l'Atlantique avant de l'avoir remis dans des conditions entièrement satisfaisantes. Tout à bord doit être mis en parfait état avant le départ.* »

Les capitaines sont les premiers intéressés à veiller à ce que leurs navires se trouvent toujours en bon état et dans des conditions excellentes de navigation. Leur existence, leur réputation, leurs intérêts les plus chers, voilà autant de mobiles qui doivent inspirer confiance et dissiper les craintes chimériques et sans fondement des esprits chagrins. En un mot *« les capitaines ne sont-ils pas responsables de tout ce qui peut arriver ? »* Voilà le langage des Compagnies. M. Trudelle, qui a longtemps commandé des paquebots au Havre avec une remarquable distinction, et qui connaît à fond les Compagnies, répond dans les termes suivants à la question précédente : *« Non, les capitaines, en dépit de leur responsabilité complète, ne peuvent généralement pas, sans risquer leur position, agir comme il est de leur devoir de le faire. Il y a même danger pour eux, s'ils protestent ouvertement contre une mesure qu'ils croient, qu'ils savent dangereuse. »* Voilà la vérité et la réalité de la pratique. L'*ultima ratio* des Compagnies ne varie pas : « Si vous ne voulez pas partir, un autre partira. »

Alors qu'arrive-t-il ? Le capitaine se dit *« qu'avec un peu de chance il passera sans accident ; il baisse la tête, se tait et part. Il arrive heureusement si le temps le lui permet, ou avec de grosses avaries si le temps est mauvais, ou bien enfin il n'arrive pas du tout. »*

Si l'affaire ne fait pas trop de bruit, si le capitaine a échappé à la mort, le silence se rétablit bientôt et tout se borne à une question d'intérieur qui se traite entre un capitaine et sa Compagnie. Le capitaine est congédié sans cérémonie et l'incident est clos.

M. Trudelle a fait la prédiction suivante à tous les capitaines qui commandent des paquebots (page 50 de sa brochure) : *« que les capitaines, principalement ceux qui commandent dans les grandes compagnies, s'attendent donc toujours à être jugés impitoyablement en cas d'accidents sérieux. »*

M. Trudelle, dans un autre passage, ajoute : *« Quand la catastrophe a du retentissement ou que la clientèle effrayée menace d'abandonner la maison »*, alors *« il faut bien sauver la caisse »*, et dire que le capitaine a été incapable, surtout si la recherche officielle des causes qui ont amené l'accident doit conduire forcément à la découverte de la vérité : *« La phrase est toujours la même : si ce capitaine nous avait prévenus, nous nous serions empressés de.....*

« Et le malheureux qui par faiblesse ou pour ne pas perdre

son emploi a marché malgré lui porte tout le poids de l'affaire, puisqu'il est « responsable de tout ».

Nous croyons inutile d'insister plus longtemps et nous nous bornerons à cette dernière et caractéristique citation : « *Après une catastrophe, une fois les gens noyés ou à peu près, par la faute des autres, il est bien facile à ceux-ci de dire : si le capitaine avait fait cela..... »*

M. Trudelle ajoute : « *Qu'on ne nous taxe pas d'exagération. C'est toujours ainsi que cela se passe; plus les autres sont fautifs, plus ils y mettent d'ardeur. »*

Nous devons conclure de tout ce qui vient d'être dit, que le gouvernement a le devoir impérieux de faire cesser le plus tôt possible un pareil état de choses. Il s'agit de la vie des équipages et des nombreux passagers qui croient s'embarquer en toute sécurité sur des navires portant (grâce à la subvention concédée) l'étiquette et la garantie du gouvernement. Cette subvention donne à l'État non seulement le droit, mais elle lui impose le devoir de s'immiscer dans le domaine de la Compagnie, d'y exercer un contrôle permanent, à l'aide d'inspections d'agents spéciaux, *non rétribués par les compagnies,* venant, à un moment imprévu, surveiller les navires au point de vue de l'armement, du personnel et de la comptabilité. Qu'on lise avec soin la note n° II, relative aux ateliers de Penhoët, on comprendra qu'il y a un abus qui ne doit plus continuer. Les millions de la subvention de l'État ne nous sembleraient pas employés conformément au but du législateur qui les a accordés, si, au lieu de servir à la flotte transatlantique, on en distrayait une bonne partie pour ériger des chantiers qui ne seraient pas *exclusivement* consacrés à l'entretien et à la construction des navires subventionnés. Ce qu'il faut, c'est que l'exactitude et la réalité résident dans les comptes, et qu'on ne force pas la note des dépenses d'armement pour pouvoir reporter la différence sur le service à terre.

Il existe un moyen pratique de régulariser la situation et de faire cesser à l'avenir toute espèce de doute dans l'opinion publique.

Nous proposons de nommer :

1° Un inspecteur des finances qui exercera un contrôle sur les comptes et écritures et veillera à l'observation stricte des règlements.

2° Un officier supérieur de la marine, secondé par un mécanicien principal de la flotte, qui aura le contrôle de la question de l'armement et du personnel.

On garantira ainsi tous les intérêts en jeu :

1° Ceux de l'État qui ne doit pas perdre de vue les obligations qui lui sont imposées par la subvention ;

2° La sécurité des équipages et des passagers ;

3° Les intérêts des actionnaires de ces compagnies qui ne seront plus compromis *« en réexpédiant précipitamment le navire pour un nouveau voyage »* (page 45 brochure Trudelle).

Les conseils d'administration des compagnies seront peut-être les moins satisfaits *au début* ; mais ils reconnaîtront bien vite l'utilité et surtout les bienfaits de cette nouvelle organisation.

CONCLUSIONS

I

M. le vice-amiral Peyron, ministre de la marine et des colonies (dans une dépêche du 31 décembre 1883), a décidé, d'après l'avis exprimé par la commission supérieure des naufrages, qu'il n'y avait pas lieu d'adopter les propositions de la commission du Havre et de compléter le règlement international du 4 novembre 1870.

M. Butt, dans son jugement du 7 décembre 1883, déclare également qu'il ne veut pas examiner la question de la présence du groupe anglais (le *Recovery* remorquant le *Woodburn*) et du navire isolé le *Saint-Germain*.

Il y a donc accord complet dans les manières d'envisager la question, en France et en Angleterre. On ne saurait trop s'en féliciter et la circulaire ministérielle a le mérite de la netteté et de la précision. La plus grande publicité a été donnée à cette circulaire du ministre afin « d'éviter toute indécision à cet égard. »

Ce qui est indispensable, en effet, c'est que tout capitaine sache parfaitement ce qu'il doit faire, si, avec son bâtiment isolé, il se trouve la nuit en présence d'un groupe de deux ou d'un plus grand nombre de navires. — A l'avenir on peut bien le dire, il n'y a plus aucune hésitation à cet égard.

C'est toujours une question délicate, de toucher à une loi internationale adoptée par 16 nations différentes. Il a fallu bien des années de discussions, et des efforts considérables, pour arriver à une entente et à la promulgation d'une loi aussi importante. — La peine éprouvée pour surmonter ces difficultés et la crainte de les voir renaître, à chaque proposition nouvelle de rectification du règlement en vigueur, sont des raisons de force majeure qui imposent une grande prudence et la nécessité de savoir attendre. — Tout le monde le comprendra : gardons-nous donc d'ébranler les bases de cette entente, de rompre l'union qui existe, et conservons ce que nous avons. Quand la question aura fait quelques pas de plus, elle surgira d'elle-même et alors on arrivera tout naturellement à une modification de la loi qui serait peut-être prématurée aujourd'hui. Dans la première partie de cette étude (avant le jugement de Londres du 7 décembre 1883), nous avons longuement traité cette question, en discutant à fond les deux articles 16 et 20.

Nous avons pensé qu'il étoit utile de ne pas laisser perdre ce travail qui pourra peut-être, plus tard, à son heure, retrouver l'opportunité qu'il a perdue aujourd'hui.

Un certain nombre d'officiers généraux et supérieurs de la marine et plusieurs capitaines de paquebots de la place du Havre avaient partagé sur beaucoup de points notre manière de voir.

Le sens marin le dit clairement : quand deux navires se trouvent en présence, c'est celui qui est le plus libre de ses mouvements qui doit manœuvrer.

Cette opinion a servi de point de départ à la commission internationale, pour établir le règlement sur les abordages. Si, dans ce règlement, il n'est pas fait mention de la manœuvre en cas de rencontre d'un groupe de navires liés entre eux, cette lacune n'existe que dans la lettre, mais non dans l'esprit et le fond du règlement.

En effet, l'article 17 dit que, quand un navire à vapeur et un navire à voiles courent de manière à risquer de se rencontrer, le navire sous vapeur doit s'écarter de la route de celui qui est à voiles.

Cela se comprend, la raison le commande, le principe est facile à retenir : un bâtiment à vapeur se dérange plus facilement et plus complètement qu'un navire à voiles.

Le législateur a donc prescrit au premier de s'écarter de sa route et au second de continuer la sienne.

Le principe ne change pas quand il s'agit de deux navires à voiles « qui font des routes qui les rapprochent l'un de l'autre de manière à faire courir le risque d'abordage » (article 14).

C'est toujours au bâtiment qui a la plus grande facilité de manœuvrer de s'écarter de la route.

1° Le bâtiment qui est vent arrière doit s'écarter de la route de l'autre navire (paragraphe E).

2° Le navire qui court largue doit s'écarter de la route de celui qui est au plus près (paragraphe A).

3° Si les deux navires courent largue, ayant tous les deux le vent du même bord, celui qui est au vent doit s'écarter de la route de celui qui est sous le vent (paragraphe D).

Dans tous les autres cas, on a été obligé de faire des conventions (également rationnelles) et on a admis, quand les *amures sont différentes*, que le bâtiment qui a les amures à tribord (c'est-à-dire qui reçoit le vent par tribord) serait avantagé. Le législateur a décidé que le navire qui a les amures à bâbord doit manœuvrer (paragraphes B et C).

S'il n'est pas question de groupe, si cette lacune existe, est-il en vérité rationnel de *changer de principe* et de choisir, précisément pour le faire manœuvrer, le groupe d'assemblage à marche lente, gêné dans tous ses mouvements, qui est tenu en avant ou en arrière et qui ne peut faire autre chose que de *continuer* sa route?

Un groupe ne peut pas manœuvrer et il nous est interdit de faire au législateur l'injure de supposer que, contrairement à son principe immuable, à la logique et au sens marin, il ait pu vouloir « qu'un groupe s'écartât de la route et que la navire isolé continuât la sienne. »

Nous posons comme axiome : Un groupe est dans l'impossibilité de manœuvrer et d'éviter un danger; aussi bien la tête que la queue, et bien plus encore les navires compris dans l'intervalle qui sépare le remorqueur du dernier bâtiment du convoi. Chacun de ces navires est en effet tenu par l'avant et l'arrière et n'a absolument aucun autre moyen d'action que son gouvernail qui, en aucun cas, ne lui permettrait de faire une embardée suffisante pour éviter un navire voisin.

Est-ce là ce qu'a pu vouloir le législateur? Quand, au contraire, toute la loi n'est inspirée que par une seule pensée, si sage et si sensée : « Imposer la manœuvre et l'écart de la route au bâtiment qui a la plus grande facilité d'évolutions. »

Or les navires d'un groupe (sauf le remorqueur), n'ont la possibilité :

1° Ni de stopper;

2° Ni d'augmenter ou de réduire la vitesse;

3° Ni de faire une abattée pratique, prompte et accentuée, pour éviter un danger quelconque ;

4° Ni de marcher en arrière. (Notons que dans ce dernier cas le remorqueur, qui, seul, pourrait marcher en arrière, risquerait d'aborder un de ses remorqués, s'il faisait cette manœuvre.)

Nous demandons instamment que la vérité que nous venons de prouver ne puisse plus être désormais attaquée et qu'elle soit inscrite dans la loi des abordages, sous la forme d'un article additionnel ainsi conçu :

« Tout bâtiment isolé, soit à voiles, soit à vapeur, qui rencontre « un groupe composé d'un remorqueur et d'objets remorqués, doit « s'écarter de sa route, lorsque les routes du bâtiment isolé et du « groupe se croisent de manière à faire craindre un abordage. »

« Les règles établies précédemment pour les vapeurs isolés sont « applicables aux groupes entre eux. »

II

Le procès de Londres a démontré la nécessité de changer la composition du tribunal qui doit statuer sur les litiges maritimes entre navires de nations différentes.

Les raisons que nous avons données (*avant le jugement*) ont pris une nouvelle force en présence de la sentence anglaise relative au *Saint-Germain*. C'est un principe de droit : « On ne peut pas être à la fois juge et partie dans sa propre cause. »

Il est donc contraire à l'équité de faire juger un différend anglo-français par un tribunal composé exclusivement de juges anglais ou de juges français.

Rien n'est plus regrettable pour la justice, et cet état de choses n'est pas fait pour augmenter, quoi qu'ils fassent, la considération des juges.

S'il en est ainsi, ne doit-on pas faire tous les efforts possibles pour changer la législation en vigueur qui est reconnue vicieuse ? Ce que tout le monde doit désirer, c'est une justice qui inspire confiance aux parties et qui commande la résignation et la soumission *morale*, une fois que l'arrêt a été rendu ?

Le *Saint-Germain* dans sa situation critique a été obligé de se réfugier à Plymouth; Sa relâche a décidé de la juridiction et les juges ont été anglais.

Si le paquebot avait pu franchir la Manche et arriver dans un port français, les juges auraient été français, et l'issue du procès probablement différente.

On évitera à l'avenir une semblable anomalie en inscrivant dans la loi internationale l'article additionnel suivant :

« *Le tribunal qui connaîtra des litiges maritimes entre des navires de nationalités différentes sera composé :*

« *1° D'un juge appartenant à chacune des nations en cause ;*

« *2° De deux ou trois juges étrangers (suivant que le nombre des juges des nations en cause sera pair ou impair), appartenant aux nations ayant adhéré à la loi internationale.*

« *Les membres de ce tribunal seront en nombre impair.*

« *Les nations auxquelles on aura recours pour la nomination des juges étrangers seront désignées par le sort. Le tirage se fera en présence des parties intéressées.* »

Il y aurait peut-être d'autres solutions offrant des garanties suffisantes. Mais la formation du tribunal international nous paraît être la véritable et la plus pratique.

L'intérêt général réclame cette réforme.

On n'aura plus alors de raison pour rechercher les juges de sa nationalité. Quelle que soit la loi appliquée (anglaise, française ou autre), on ira relâcher sans calcul au port le plus voisin et le jugement rendu sera accepté sans critique possible par les parties.

III

Nous avons donné au chapitre III de la troisième partie les raisons qui nous ont fait considérer comme indispensable un *contrôle efficace* à établir près des Compagnies subventionnées, dans le but de sauvegarder les intérêts de l'État, ainsi que les intérêts des particuliers.

Les notes complémentaires I et II qui se trouvent à la fin de notre brochure montrent également l'absolue nécessité de ce contrôle.

Nous ne saurions donc trop insister sur ce point, et nous appelons particulièrement l'attention du gouvernement sur l'obligation qu'il a, d'enrayer les abus que nous avons signalés et d'étouffer, dès l'origine, ceux qui pourraient se produire.

Un gouvernement qui verse comme subvention annuelle à une Compagnie le tiers environ des recettes de cette Compagnie a bien le droit de surveiller de près l'emploi de l'argent qu'il donne si généreusement.

Ne doit-on pas songer également qu'en temps de guerre tous les paquebots subventionnés peuvent être réquisitionnés? Il importe donc, au point de vue militaire, que ces navires soient toujours en parfait état et dans d'excellentes conditions de navigabilité et d'entretien.

Pour que le contrôle que nous réclamons soit efficace, il faut qu'il soit exercé à l'improviste et d'une façon suivie, par des hommes compétents et d'une indépendance garantie par l'autorité même dont ils sont revêtus, et non par des agents des postes dont l'avenir est menacé, dès qu'ils signalent des abus ou qu'ils constatent des manquements au cahier des charges. Il est indispensable, enfin, que les inspecteurs de l'État ne soient pas à la charge des Compagnies dont ils doivent vérifier les comptes, le matériel et le personnel [1].

En résumant nos conclusions nous arrivons donc aux propositions suivantes :

1° Premier article additionnel à la loi internationale sur les abordages.

Tout bâtiment isolé, soit à voiles, soit à vapeur, qui rencontre un groupe composé d'un remorqueur et d'objets remorqués, doit s'écarter de sa route, lorsque les routes du bâtiment isolé et du groupe se croisent de manière à faire craindre un abordage. Les règles

[1] Nous sommes heureux de constater que le nouveau cahier des charges pour l'exploitation des services maritimes postaux entre les États-Unis, le Mexique, les Antilles et la France prévoit par les articles 11, 12, 18, 21, 26 et 27 les inspections que nous réclamons si ardemment.

Nous espérons que M. le ministre des postes fera exécuter les clauses de ce cahier des charges avec toute la rigueur que réclament les intérêts qui se trouvent en jeu.

Nous insistons encore, toutefois, sur la nécessité de confier à un inspecteur des finances la surveillance des comptes, puis à un officier supérieur de la marine la mission de veiller à l'armement des paquebots ainsi qu'au salut de toutes les personnes qui embarquent sur ces bâtiments.

établies précédemment pour les vapeurs isolés sont applicables aux groupes entre eux.

3° Second article additionnel à la loi internationale sur les abordages.

Le tribunal qui connaîtra des litiges maritimes entre des navires de nationalités différentes sera composé :

1° D'un juge appartenant à chacune des nations en cause;

2° De deux ou trois juges (suivant que le nombre des juges des nations en cause sera pair ou impair), appartenant aux nations ayant adhéré à la loi internationale.

Les membres de ce tribunal seront en nombre impair.

Les nations auxquelles on aura recours pour la nomination des juges étrangers seront désignées par le sort.

Le tirage se fera en présence des parties intéressées.

3° Projet de décret relatif au contrôle des Compagnies Maritimes subventionnées.

Article 1er. — Un inspecteur des finances exercera près de chacune des compagnies maritimes subventionnées un contrôle sur les comptes et écritures. — Il veillera, en outre, à ce que les règlements et instructions ministériels, ainsi que le cahier des charges, soient strictement observés.

Article 2. — Un officier supérieur de la marine militaire, secondé par un mécanicien principal de la flotte, contrôlera, chaque fois qu'il le jugera nécessaire, et au moins deux fois par mois, l'armement complet des paquebots appartenant aux compagnies subventionnées. — Il s'assurera que le personnel embarqué se trouve dans les conditions exigées par le cahier des charges. — Il recevra les réclamations des personnes de l'équipage et appréciera pour la suite à leur donner la valeur des plaintes qui lui seront adressées.

Chaque inspecteur sera nommé pour une année.

NOTES COMPLÉMENTAIRES

NOTE I

Du personnel naviguant à la Compagnie Générale transatlantique.

Le personnel naviguant, digne du plus grand intérêt, exprime quelques plaintes légitimes, dont nous reproduisons ci-dessous celles qui nous ont paru le mieux fondées, avec l'espérance de les voir prendre en considération par le conseil d'administration de la Compagnie générale transatlantique.

1° Quand le service technique fait une faute ou refuse d'entreprendre les réparations nécessaires aux machines des paquebots, il en résulte une dépense de combustible plus grande ou une vitesse inférieure. Par suite, les allocations provenant des économies de charbon (basées sur la dépense de combustible et sur la vitesse du paquebot) allouées à un personnel nombreux, dont la solde est établie en vue de ces allocations, sont supprimées. — Donc perte pour le personnel et aussi pour la Compagnie.

2° Si le service commercial commet quelque erreur sur le chargement ou les marchandises débarquées, toutes les gratifications des officiers du paquebot sur lequel l'erreur s'est produite sont annulées; et chacun sait que ces gratifications, d'ailleurs peu élevées, sont un complément indispensable aux salaires modestes de ces officiers.

3° Si un paquebot reste plus de quinze jours dans le port, les officiers sont mis aux quatre-cinquièmes de la solde sans qu'il en soit fait mention sur le rôle. — Nous nous demandons si les commissaires de l'inscription maritime ont jamais été avisés de cette réduction d'appointements.

4° Un officier réunit-il les conditions voulues pour passer à la classe supérieure ? il est rare (à moins de très haute protection dans le conseil d'administration) qu'il soit nommé. — On lui fera exercer pendant plusieurs mois, souvent pendant plusieurs années, les fonctions du grade supérieur sans lui donner les appointements de ce grade. — Si vous manifestez votre surprise, on vous répondra : « *Nous tenons à ce quenos officiers remplissent les fonctions du grade supérieur avant de les élever en classe et d'augmenter leur solde.* — Mais alors, pourquoi des exceptions à cette règle et pourquoi le règlement ne mentionne-t-il pas la période d'apprentissage exigible dans chaque grade, avant de l'obtenir définitivement ? Il serait équitable, dans ce cas, d'accorder des suppléments de fonctions, comme dans la marine militaire.

5° Si un capitaine réclame son compte annuel, il met longtemps à le recevoir. Quels que soient les frets qu'il a eus (sur lesquels sont basées ses remises commerciales), il n'a généralement que le minimum alloué, parce qu'on a bien soin de déduire des frets bruts tous les débours accessoires provenant des frais d'agences, de transbordements, de transit, etc., etc. La vérification de ces comptes est tout à fait impossible, et nous avons de nombreuses preuves à l'appui de ce que nous avançons. — Il n'y a pas un seul capitaine qui n'ait été lésé dans ces règlements annuels.— Il faudrait l'expérience d'un inspecteur des finances pour s'y reconnaître.

Nous ferons encore quelques observations d'un autre genre, qui, sans toucher aux intérêts matériels des officiers, ont cependant une grande importance.

Nous avons étudié (pages 66 et 67) le côté draconien de l'article 380 du règlement de la Compagnie transatlantique. — Il semble que le *correctif logique* serait de donner aux capitaines le choix de leurs officiers de quart. Et, en effet, la Compagnie pourrait (avec une *apparence* de raison qui n'existe pas aujourd'hui) les rendre responsables de leurs choix et leur faire endosser la responsabilité que le règlement impose aux officiers de quart. Il est de toute évidence que ce serait une mesure excellente pour les actionnaires. Le principe tout à fait opposé domine au siège central, et c'est bien fâcheux.

1° Il suffit qu'un capitaine demande un officier *non embarqué* pour que cet officier lui soit généralement refusé.

2° Si un capitaine demande un avancement pour l'un de ses officiers, cet avancement est souvent ajourné. — Il faut écrire une lettre intime et particulière, pour obtenir ce que l'on désire ; il faut faire acte de soumission. — La demande officielle n'a pas de résultat.

3° Quand un officier commence à connaître le paquebot sur lequel il se trouve, on le déplace et on le fait passer successivement sur tous les navires de la flotte transatlantique. De là, changement de capitaine pour l'officier, par suite arrêt dans son avancement parce qu'un capitaine a besoin de plusieurs voyages pour juger son personnel. — Ces changements sont-ils bien utiles pour l'instruction des officiers de quart ? — Nous pensons qu'en agissant ainsi la Compagnie perd gratuitement une prime d'assurance résultant de l'homogénéité des états-majors de sa flotte.

CAISSE DE RETRAITES.

Il n'y a pas à la Compagnie transatlantique de caisse de retraite. Ce serait cependant une institution d'une utilité si manifeste et si avantageuse pour tous qu'il est inutile, pour le démontrer, de nous appesantir davantage sur ce point [1].

CAISSE DE SECOURS.

Il existe bien une caisse de secours dans laquelle toute personne embarquée verse 1 pour 100 de ses appointements. La Compagnie devrait y déposer annuellement une somme égale à la retenue totale opérée sur le personnel. Jamais ce versement n'a été fait. « Le capitaine de la *France* s'est trouvé une seule fois à la « commission des comptes de cette caisse et a réclamé ce verse- « ment. Il n'a plus jamais été convoqué, certainement à cause de « cette réclamation que seul il avait osé faire.

« Ce même capitaine a fait rembourser 60 000 fr. provenant des « économies sur lesquelles les officiers avaient droit à 25 pour 100. « Ceci se passait au mois de janvier 1870. »

« Le capitaine réclamait à un employé supérieur du personnel « de la Compagnie, à Paris, le payement de ses officiers et le sien

---

1. Cette caisse ne doit pas être confondue avec la caisse des invalides, établie par Colbert, et qui fournit les pensions auxquelles ont droit les gens de mer qui ont navigué vingt-cinq ans, soit à l'État, soit au commerce.

La caisse dont nous entendons parler est une caisse particulière, d'un caractère privé, qu'il serait facile de créer après entente avec une Compagnie d'assurance sur la vie.

« (dans ce temps-là les capitaines participaient aux économies) et
« il s'agissait d'une somme de 5000 francs à 6000 francs. »

« Ledit employé répondit qu'on ne paierait pas parce qu'il y
« avait des *carottes* (sic). »

LE CAPITAINE : « Vous n'avez pas le droit de décréter que la
« Compagnie ne paiera pas ce qu'elle a promis de payer. »

L'EMPLOYÉ SUPÉRIEUR : « On ne paiera pas. »

LE CAPITAINE : « Je vais vous attaquer tout à l'heure devant le
conseil ».

L'EMPLOYÉ SUPÉRIEUR : « Vous ferez ça, vous ? »

LE CAPITAINE : « Parfaitement ; venez, vous allez voir. »

Le conseil fut obligé de donner raison au capitaine. On paya
tous les paquebots. Ce fut de l'aveu même de M. l'employé supérieur une affaire de 60 000 francs représentant les économies
d'une somme s'élevant à $25 \times 60\,000 = 150\,000$ francs.

NOTE II

Du matériel de la Compagnie Générale transatlantique.

Les nouveaux chantiers de Penhoët créés par la Compagnie générale transatlantique, il y a peu d'années, sont aujourd'hui à peine
achevés.

Ils ont été bâtis sans plan d'ensemble ; les ateliers, magasins, etc.,
sont semés en désordre sur un terrain assez étendu.

On s'expliquera cette absence de plan d'ensemble quand on
saura que la construction de ces chantiers n'a pas été décidée
d'emblée, mais bien par des mesures successives. Tant que les
ateliers de Saint-Nazaire restaient ateliers de réparations, ils
n'étaient qu'un accessoire relativement peu important, quoique
très suffisant, et l'ingénieur directeur se trouvait sous les ordres de
l'agent principal de la Compagnie à Saint-Nazaire.

Mais ces ateliers transformés en chantiers prenaient de suite
une telle importance que ce service réclamait une direction
spéciale, en dehors de l'agence, communiquant sans intermédiaire
avec Paris, etc.... L'intérêt personnel a eu nécessairement une
influence sur cette transformation.

Quand il fut question de construire ces chantiers, MM. Jolet et
Babin de Nantes fondaient leur maison en Société anonyme qui,
sous la raison sociale « Chantiers de la Loire », devait s'établir à

Saint-Nazaire près du bassin de Penhoët. Cette Société en formation cherchait des capitaux et elle fit à la Compagnie transatlantique des propositions fort avantageuses. C'était bien le cas pour une administration sage de s'entendre avec les « Chantiers de la Loire » plutôt que de créer à côté de ces chantiers une concurrence préjudiciable aux deux établissements, mais, à coup sûr, bien plus préjudiciable à la Compagnie transatlantique dont la caisse de réserve, *toujours vide*, ne permettait de construire ces ateliers que lentement et progressivement et surtout avec une grande économie.

Il était passé chaque année sur le budget transatlantique un certain nombre de centaines de mille francs pour la continuation de la construction des Chantiers de Penhoët. Si l'on additionne les sommes réservées aux budgets pour cet établissement important et si l'on compare la somme totale au prix réel de revient des ateliers, magasins, machines et outillage, on sera certes loin de trouver un accord parfait entre ces deux chiffres. D'où provenait donc l'argent employé à la construction de ces chantiers ? — C'est bien simple :

Un paquebot entrait en réparations et l'on portait au compte de ce paquebot, pour frais de ses réparations, une somme 3 ou 4 fois plus élevée que la dépense réelle. Les comptes, *sans aucun contrôle sous ce rapport*, arrivaient à Paris, où l'on disait : Notre service naviguant nous coûte très cher ; en revanche, notre service à terre nous élève des maisons, des ateliers, nous achète un outillage et tout cela à très bon compte. L'explication était facile :

Tandis que sur un paquebot les feuilles de journée du service technique portaient 80 ou 100 ouvriers, il y en avait une bonne partie employée à l'édification des ateliers et aux installations des machines des chantiers.

On a vu porter sur le compte d'un paquebot, qui avait reçu une seule couche de peinture, 25 000 francs de dépense ! Et le capitaine avait beau crier et récriminer, il n'avait pas qualité pour porter une plainte en règle. Tout contrôle lui était interdit, quoique la dépense fût imputée au paquebot qu'il commandait.

On a vu des crocs à ciseaux cotés par le service technique 60 francs pièce !

A de pareils taux, on peut rapidement réaliser, aux dépens des paquebots, des économies capables de faire face aux dépenses de la construction d'ateliers et de magasins.

On comprend dès lors comment les actionnaires ont pu croire que les chantiers de Penhoët n'avaient rien ou presque rien coûté et qu'ils sont une source d'économies sérieuses pour la Compagnie.

Il fut question, à l'époque où la Compagnie n'était pas assurée du renouvellement de sa subvention, de la transformation des chantiers de Penhoët en Société anonyme.

L'administration était probablement guidée dans cette circonstance, par le désir de conserver un établissement indépendant, pouvant continuer à subsister dans le cas où le privilège du gouvernement ferait défaut et où la Compagnie transatlantique serait obligée de liquider ses opérations purement maritimes.

Cette transformation était, d'ailleurs, facile à obtenir avant le terme du contrat actuel, en faisant valoir près du Conseil d'administration que ces chantiers, capables de satisfaire et au delà aux besoins de la Compagnie, trouveraient une nouvelle source de bénéfices dans les travaux exécutés pour le compte des particuliers.

« Comme la subvention nous prive du droit de travailler pour autrui, si vous voulez réaliser les bénéfices que nous vous proposons, il faut former les chantiers de Penhoët en Société anonyme, à côté et en dehors de la Compagnie générale transatlantique, mais avec l'argent de cette Compagnie. »

Les chantiers de Penhoët, cependant, ne peuvent arriver à entretenir d'une façon convenable les navires de la flotte transatlantique; nous avons vu qu'elle n'a pas pu y faire la réparation de son paquebot *le Saint-Germain*.

Elle s'est décidée à faire construire sur ce chantier deux des quatre paquebots qui lui sont nécessaires pour la mise en vigueur du nouveau service postal.

Espérons qu'on ne recherchera pas dans ces constructions une économie *apparente* sur la qualité des matières premières.

La Compagnie transatlantique ne pourrait pas vivre sans la subvention que lui donne l'Etat. Sa caisse de réserve est vide.

L'amortissement de son capital, qui devrait être 5 pour 100 n'est que de 1/2 pour 100.

Il lui faut donc beaucoup de prudence et de sagesse dans son administration.

Nous disions plus haut que les chantiers de Penhoët entretenaient avec peine la flotte transatlantique.

Ajoutons que ces chantiers sont doublés des ateliers de répara-

tions du Havre et de Marseille, lesquels occupent un grand nombre
d'ouvriers.

Le total des frais de main-d'œuvre provenant du service technique
est colossal ; et, avant d'avoir couvert les intérêts de la somme de
cette main-d'œuvre, il faut avoir réalisé de grandes économies sur
les travaux exécutés.

Malheureusement, les économies ne portent que sur les matières
premières, qui ne sont pas de première qualité ; et l'on sait que ces
sortes d'économies sont toujours fort coûteuses.

Nous avons vu plus haut qu'un coup de pinceau avait coûté
25 000 francs sur un paquebot de la flotte. Nous pensons que ces
taux seront abaissés quand les chantiers seront entièrement
achevés.

Toutefois, on aura toujours de la tendance à voiler les dépenses
véritables de cette annexe ruineuse, et on forcera les comptes de
dépenses des paquebots afin de reporter l'excès de ces dépenses en
déduction des frais généraux des chantiers de Penhoët.

Le raisonnement est bien simple de la part du service technique :

Il se dit : « *Quel que soit le prix de revient annuel de l'entretien
de la Flotte, la Compagnie (qui ne contrôle pas aujourd'hui) ne
pourra dire qu'une chose, c'est que l'outil qui lui procure ses bénéfices (sa flotte) lui coûte cher d'entretien. Comme elle ne peut se passer de l'outil, il faudra bien qu'elle en prenne son parti. Tandis que
si la Flotte lui coûtait moins cher et si les chantiers étaient plus
onéreux, sans aucun doute la Compagnie chercherait à supprimer
une source de dépenses si exagérées et si préjudiciables à ses intérêts,
en ayant recours à des chantiers voisins.* »

Si, malgré tous ces frais exagérés d'ateliers, les paquebots étaient
bien entretenus et toujours en bon état quand ils prennent la mer,
il n'y aurait que demi-mal ! Mais, en est-il ainsi ?

Nous donnons ci-après une série de renseignements puisés aux
meilleures sources, qui suffiront à éclairer le lecteur sur ce point :

1° Pendant les essais exécutés dans le port du Havre au mois de
septembre 1874, pour la recette du paquebot *France* par la commission du gouvernement présidée par M. le capitaine de vaisseau
Perrier, une des cales fut, par ordre de la commission, remplie

d'eau pour s'assurer que les cloisons étanches ne fuyaient pas. Dans la nuit et à l'insu du capitaine (qui était récemment entré dans la Compagnie et ne pouvait se délier), *deux pompes* furent employées à extraire l'eau qui arrivait dans les cales voisines, à travers les cloisons soi-disant étanches.

Le capitaine n'eut la preuve de cette fraude qu'après la recette du paquebot. Il ne put par suite prévenir à temps la commission de ce qui s'était passé.

2° En 1874, le conseil d'administration de la Compagnie trans-atlantique, à la suite de l'abordage et de la perte de la *Ville du Havre* (dont le capitaine, le brave et regretté M. Surmont, conserva sa situation dans la Compagnie), vota la somme nécessaire à l'amélioration de l'éclairage extérieur des paquebots. Chaque fanal revenait à 2000 francs.

Les fanaux de côté furent seuls changés.

Les fanaux de tête ne furent pas modifiés, malgré la décision du Conseil.

Un capitaine réclama à diverses reprises, dans ses rapports, le changement de système d'éclairage du fanal du mât de misaine.

Il désirait que l'huile remplaçât la bougie.

Durant trois ans, les plaintes de ce capitaine ne cessèrent pas, lorsqu'en octobre 1877, un de ses rapports parvint *directement* au Président du Conseil d'administration.

Grande surprise du Président, auquel on dissimulait les rapports du capitaine.

Quinze jours après, chaque paquebot de la ligne de New-York recevait un fanal du modèle demandé.

Mais pourquoi la dépense votée quelques années avant pour l'achat de ces fanaux n'avait-elle pas été suivie d'exécution?

3° Quand l'*Europe* s'est perdue, tous les ouvriers du Havre savaient que ce paquebot était incapable de faire son voyage.

On l'avait soi-disant réparé à Brest, en toute hâte, au point que des rivets manquants avaient été remplacés par des chevilles en bois.

D'ailleurs, le capitaine fut récompensé après avoir été tout d'abord congédié; on lui confia plus tard un poste important. Il fut plus heureux que le capitaine du *Saint-Germain*.

4° Au mois de janvier 1876, la *France* arrivait au Havre avec une forte voie d'eau à l'arrière.

L'ingénieur en chef de la Compagnie transatlantique vint au Havre pour demander au capitaine de la *France* de repartir sans que son paquebot passât au bassin, prétextant qu'un retard dans le départ serait très préjudiciable aux intérêts de la Compagnie, ajoutant qu'il n'y avait pas danger immédiat, etc., etc.

Le capitaine refusa tout net de partir dans les conditions où se trouvait la *France*. — Ce bâtiment fut mis au bassin et on trouva l'étambot cassé par le milieu. — Les réparations indispensables ne permirent pas à ce paquebot de prendre la mer avant le 28 avril.

Que serait-il advenu sans la protestation et le refus catégorique de ce capitaine?

5° Au mois de février 1877, le même paquebot *France* revenait de New-York avec la même voie d'eau que l'année précédente, mais beaucoup plus forte par suite de la rapidité avec laquelle on avait exécuté des réparations incomplètes.

Le rapport de mer du capitaine donnait les chiffres indiquant les quantités d'eau qui entraient par minute, par heure et par jour, dans le navire. — Ces quantités avaient été exactement mesurées pendant les cinq derniers jours de la traversée, que le capitaine n'avait pas passés sans de très vives et sérieuses inquiétudes.

Quelques jours après son arrivée, le capitaine de la *France* assistait, à Paris, à une séance du conseil d'administration de la Compagnie. — L'ingénieur en chef (qui n'avait pas quitté Paris) déclara, dans cette séance, aux administrateurs, ses papiers à la main, que la *France* ne faisait pas plus d'eau à son arrivée que lors de son départ du Havre.

Grande stupéfaction du capitaine, qui nia de semblables allégations.

Scène violente qui motiva la suspension de la séance du conseil[1].

Néanmoins la *France* passa au bassin et *resta en réparations jusqu'au mois d'avril.*

---

1 Depuis cette époque, le Conseil d'administration, parfaitement incompétent dans les questions maritimes, a jugé qu'il était de l'intérêt des actionnaires de se priver des lumières des capitaines des paquebots présents en France. Aucun capitaine n'assiste aujourd'hui aux séances du Conseil. Nous trouvons très regrettable l'élimination de gens si éclairés et si intéressés au bon fonctionnement du matériel naval.

6° Certain jour, on observa sur la mèche du gouvernail de la *France* une fente transversale qui n'était autre qu'une cassure. — Le service technique déclarait que cette fente provenait d'une soudure et n'était que superficielle.

Le capitaine adressa à l'agence du Havre ses observations et déclara qu'il ne pouvait prendre la mer dans l'état où se trouvait la mèche du gouvernail de la *France.*

Tandis qu'il faisait cette démarche, des ouvriers entaillaient un peu la mèche du gouvernail, de chaque côté de la fente qu'ils avaient masquée clandestinement, en rabattant le métal et le polissant. — Mais le capitaine découvrit néanmoins une petite fente qui avait échappé au marteau et demanda une expertise.

L'agent du Havre demanda au capitaine : « Vous vous défiez donc de la Compagnie ? » — Ce à quoi le capitaine répondit : « Comme du feu. »

Bref, l'expertise se fit avec l'assistance de l'ingénieur de la marine du Havre et du constructeur, M. Normand.

Le gouvernail fut changé.

Ces exemples prouvent la résistance qu'un capitaine doit opposer sans cesse pour tenir son paquebot en état de prendre la mer, du moins sur la ligne du Havre à New-York.

Les capitaines ont vu que la plupart des demandes qu'ils adressaient au service technique, relativement aux réparations urgentes de leurs navires, étaient souvent refusées et presque toujours ajournées. La réponse était invariable :

« N'ayez aucune crainte, mon cher capitaine, ça ira bien encore pour cette fois, il fera beau temps, etc. »

Pour éviter tous ces refus et s'épargner toutes ces vexations, de même que pour se donner toutes les garanties de sécurité possible, les capitaines font faire à New-York toutes les réparations courantes qui leur sont refusées au Havre.

Les dépenses sont cinq fois plus grandes, les frais généraux continuent de courir aux ateliers du Havre; qu'importe! La subvention suffit à tout.

En janvier 1883, la *Ville-de-Paris* partait de Saint-Nazaire dans un si mauvais état que le capitaine, qui avait dû relâcher à Ténériffe par suite d'insuffisance de charbon, écrivait de ce port à l'administration transatlantique :

« . . . .

« Pendant les quatre journées de mauvais temps éprouvées, le paquebot a beaucoup fatigué. — Les passagers ont manifesté un grand mécontentement que je n'ai pu étouffer, etc...

« Je dois avouer que l s logements étaient absolument inhabitables et que tout le monde a beaucoup souffert à bord. — Les couchettes étaient transformées en baignoires ; le salon, les couloirs, le fumoir, les cabines (sans en excepter une) étaient entièrement envahis par l'eau, sans qu'il fût possible de se rendre maître de cette inondation permanente, tant les coutures du pont, les joints des portes et des vasistas laissaient infiltrer la mer qui embarquait dans les mouvements brusques du navire.

« En résumé, très mauvaise mer, chaudières horriblement fatiguées (on était obligé de les éteindre l'une après l'autre pour les réparer), pont et aménagements dans un état de délabrement qui ne leur permet plus de supporter des temps un peu forcés ; telles sont les observations que j'ai faites pendant cette première partie de ma traversée, etc...... etc...... »

Depuis cette époque la *Ville-de-Paris* n'a subi que des réparations superficielles qui ne lui permettent pas de prendre la mer dans des conditions meilleures qu'en janvier 1883. — On peut consulter à cet égard les rapports des capitaines qui ont fait sur ce navire les deux voyages d'été de 1883.

La *Ville-de-Paris* est ce qu'on appelle le paquebot de réserve !

Il devrait être prêt à partir dans les 24 heures. — Nous croyons qu'il est loin de remplir les conditions exigées par le cahier des charges[1].

Dans un cyclone reçu par le *Lafayette* en octobre 1882, les brise-lames en tôle qui relient entre elles les cornières qui supportent les chaudières se sont démolis parce que la tôle tombait en miettes. — Cette avarie a été cause de l'extinction d'une partie des foyers, car l'eau de la cale n'étant plus sectionnée par ces tôles longitudinales se promenait d'un bord à l'autre, entraînant et éteignant tout sur son passage. — Pendant deux heures le paquebot fut dans une criti-

---

1. Nous apprenons que ce navire est actuellement parti au secours de *la Colombie*, paquebot de la Compagnie Générale transatlantique, *qui a perdu son hélice !!!* et qui se trouve en détresse à Punta-Delgada, port de l'île San-Miguel (Açores). Déjà plusieurs paquebots de la Compagnie transatlantique ont perdu leurs hélices en mer. Ces accidents seraient certainement évités si l'on vérifiait plus souvent les freins et les écrous de ces engins.

que situation; les foyers, éteints en partie, ne permettaient pas d'avoir une pression suffisante pour donner assez de vitesse au paquebot et le faire gouverner. — Quant aux pompes d'épuisement, il ne fallait pas songer à dépenser de la vapeur pour les faire fonctionner.

En février 1883, la *Picardie* a sombré parce que ses appareils à gouverner étaient mal installés.

Cependant ce paquebot était sorti depuis peu de temps des ateliers de Penhoët, où il avait été entièrement refondu. — On peut bien affirmer que si, à la même époque, le *Saint-Laurent* a cassé ses drosses, c'est que celles-ci étaient en mauvais état. — Quand un navire fuit devant le temps, tous les marins savent que les drosses ne font presque pas de force. — Aussi, pour qu'elles cassent à cette allure, il faut vraiment qu'elles soient profondément oxydées. — Notre conviction est que si les drosses du *Saint-Laurent* avaient été en bon état, elles auraient tenu et le capitaine Delaplane ne se serait pas noyé.

On a vu le *Péreire* faire des voyages du Havre à New-York, pendant l'hiver de 1883, avec ses cheminées entièrement trouées. — Il suffisait d'appuyer sur les tôles avec un simple jonc pour les mettre à jour. — Un coup de mer aurait suffi pour anéantir ces cheminées; on se rend compte aisément des conséquences d'un pareil accident.

Le *Saint-Germain* sortait des ateliers de réparations de Penhoët en avril 1883, après y avoir séjourné près de cinq mois, pendant lesquels on avait *modifié la machine et changé les chaudières.* — On sera certes très surpris d'apprendre que ce navire, dès sa première traversée, en mai 1883, eut une avarie de machines qui nécessita un arrêt de 48 *heures* en pleine mer. — Mais ce qui surprendra bien plus encore, c'est la nature de cette avarie! Une des pièces importantes des bâtis de la machine s'était brisée en deux endroits et on s'aperçut, en la démontant, *que les cassures étaient de vieille date.*

Nous ne comprenons pas qu'après une visite minutieuse qui a duré cinq mois, on ait laissé partir ce paquebot avec des pièces de fondation avariées à tel point que, dès la première traversée, elles se brisent et mettent le *Saint-Germain* en détresse.

Nous pourrions multiplier les citations, mais ce qui vient d'être dit suffit pour démontrer la nécessité, dans l'intérêt général, d'un contrôle sérieux et efficace.

NOTE III

De l'éclairage des feux réglementaires à bord des navires.

Monsieur le vice-amiral Jurien de la Gravière, alors commandant en chef l'escadre d'évolutions, a fait faire au commencement de l'année 1870 une série d'expériences très intéressantes, qui ont été poursuivies régulièrement pendant un ou deux mois, et dirigées avec le plus grand soin par un officier supérieur de la marine. — Six chaloupes à vapeur munies des feux réglementaires de côté (vert et rouge), se mettaient en marche, tous les soirs, à la nuit close, et se croisaient à toute vitesse dans tous les sens, sur la rade de Toulon qui servait de champ aux expériences.

Pas un seul abordage, pas le plus petit accident n'a eu lieu.

Ce résultat n'a rien de surprenant, mais il constate, à l'aide de la pratique, que la cause principale des collisions de nuit, à la mer ou sur une rade, doit être exclusivement attribuée à l'extinction ou au mauvais éclairage des feux des navires.

Les feux ont été donnés par le législateur pour guider les manœuvres de nuit, et il nous semble peu équitable de demander compte à un capitaine d'une manœuvre malheureuse, si ce manœuvrier a été privé du *guide légal* (que personne n'a le droit de lui enlever) qui devait infailliblement assurer le succès et prévenir l'abordage.

Les manœuvres de nuit auront les plus grandes chances d'être bonnes, quand les feux réglementaires seront en règle. Si les feux, au contraire, sont *éteints* ou en mauvais état, les manœuvres de nuit, faites sans guide, doivent presque toujours être mauvaises.

Il s'agit d'une question d'humanité et de conservation de la vie pour les populations maritimes de toutes les nations. A moins de circonstances de force majeure, tout à fait exceptionnelles et qu'apprécieront les juges, les feux doivent toujours être allumés et en bon état. Toute négligence à cet égard devient un crime ou un délit, puisqu'elle a pour conséquence de donner la mort.

Les hommes qui sont chargés des feux, et qui manquent à ce devoir sacré, devraient être punis de la même manière que sont frappés, le cas échéant, le garde-barrière, l'aiguilleur, le chef de gare ou un employé quelconque des lignes de chemin de fer, quand il arrive une rencontre sur la voie.

1° Il faut punir de prison le gardien du feu et même le capitaine (si sa responsabilité est engagée).

2° Il nous semble utile d'inscrire dans la loi internationale un article 24 *bis*, ainsi conçu : « Quand les feux ne seront pas allumés, la responsabilité *entière*, en cas d'accident, incombera au navire, ou à son propriétaire, ou à son équipage. »

3° Un capitaine qui remorque un navire ou plusieurs navires, dont les feux sont éteints, commet une négligence que personne ne peut mettre en doute ; il ne prend pas ainsi « toute précaution que commande l'expérience ordinaire du marin ». Si cette négligence est suivie de *conséquences*, comme dans la collision du *Saint-Germain* et du groupe anglais, alors les deux éléments qui constituent la faute légale de l'article 24 de la loi internationale existent, et le remorqueur est *coupable*, bien qu'il n'ait pas *lui-même* fait l'abordage

Cela démontre qu'un groupe est toujours solidaire et ne doit *jamais* être considéré comme navire isolé, surtout devant un tribunal.

Si M. Butt avait admis l'extinction des feux du *Woodburn* (conformément à la vérité), il aurait été tenu par l'article 24 de rendre le *Recovery* responsable de l'abordage.

4° Il est de toute nécessité d'éclairer la queue d'un groupe, comme on éclaire déjà la tête, et de rendre *permanent* et *toujours visible* le feu blanc ou à éclats qui, aux termes de l'article 11, doit être seulement *montré* au-dessus de la poupe. Si le *Woodburn* avait eu ce feu, l'abordage du *Saint-Germain* n'aurait pas eu lieu.

Si la tête est indiquée par deux feux blancs au mât de misaine du remorqueur, la queue pourrait être indiquée par trois feux blancs, à la poupe du dernier navire. De même qu'on distingue très bien les deux premiers feux, on ne confondrait pas davantage les trois derniers.

5° La police de la mer incombe aux bâtiments de guerre. Il faut inscrire dans la loi internationale un article qui leur impose le devoir de faire arrêter les navires qui n'auraient pas leurs feux allumés ; un procès-verbal serait dressé et communiqué au gouvernement de la nation à laquelle appartiendrait le navire trouvé en infraction.

Le tribunal international se réunirait, punirait les coupables et infligerait une amende au propriétaire, ou à son capitaine, ou à son équipage. Si vous faites cela, vous appliquez un remède efficace à ces désastres perpétuels si affligeants pour l'humanité, si cruels pour les cœurs ulcérés, qui restent seuls pour gémir sur l'événement qui les frappe et les anéantit ; tandis que cette catastrophe est immédiatement oubliée par tous les autres, jusqu'à ce qu'un nouveau sinistre revienne attirer encore la compassion et l'émotion publiques, et ce souvenir ne tarde pas lui-même à s'effacer et à disparaître comme le premier.

Espérons cependant que le cri des victimes du *Woodburn* sera entendu et que nous aurons fait au moins, grâce à cette cruelle expérience, un pas sérieux sur la route épineuse du progrès et de la civilisation.

NOTE IV

Lettre de M. le chef d'exploitation de la Compagnie générale transatlantique à M. le capitaine du *Saint-Germain*.

Paris, le 10 décembre 1883.

Je m'empresse de vous informer que M. Péreire vient de me dire qu'il avait l'intention de porter en appel le jugement concernant l'abordage du *Saint-Germain*.

En gagnant du temps, nous trouverons, sans nul doute, nos administrateurs un peu moins sévères.

Veuil   etc.

Signé : Besson.

NOTE V

Lettre du capitaine du *Saint-Germain* à M. le président du Conseil d'aministration de la Compagnie générale transatlantique, à Paris.

Paris, le 11 décembre 1884.

Monsieur le Président,

Monsieur le chef de l'exploitation de notre Compagnie vient de m'adresser la lettre suivante :

Paris, le 10 décembre 1883. Je m'empresse de vous informer que M. Péreire vient de me dire qu'il avait l'intention de porter en appel le jugement concernant l'abordage du Saint-Germain.

En gagnant du temps, nous trouverons sans nul doute nos administrateurs un peu moins sévères.

Veuillez, etc....

Signé : Besson.

Si je rapproche les termes de cette lettre des communications verbales qui m'ont été faites dernièrement par l'Administration, il m'est difficile de ne pas comprendre que le jugement de MM. nos administrateurs sur ma conduite avant, pendant et après l'abordage du *Saint-Germain*, était subordonné à l'issue du procès qui s'est engagé à la suite de cette collision.

Il ne m'appartient pas de me juger moi-même. Je peux affirmer cependant que j'ai fait tout mon devoir du commencement à la fin ; et, si poussé par un sentiment de modestie que vous voudrez bien admettre, je ne mets pas ici en relief les services nombreux que j'ai rendus à la Compagnie dans cette circonstance ; en revanche, le sentiment de ma dignité saurait-il se concilier avec une rigueur que je m'explique d'autant moins qu'elle a pris naissance, non pas dans les faits qui ont produit l'abordage, mais bien dans les conséquences que ce sinistre a amenées ?

Lorsque j'ai eu l'honneur de demander à l'Administration à être entendu en conseil pour donner des explications détaillées sur les circonstances de ce triste accident, il m'a été répondu que je devais rester à mon poste, que ma présence était nécessaire en Angleterre. — J'ai obéi à toutes ces injonctions et ne suis revenu en France que pour reprendre la route de New-York le 13 octobre, avec le *Saint-Germain* que j'ai ramené au Havre le 10 novembre dernier.

Sous le bénéfice de ces observations, Monsieur le Président, puis-je me soumettre aux éventualités d'un appel suspensif ?

J'attends, au contraire, de votre esprit de justice un avis qui fasse disparaître toute l'incertitude qui provient de la lettre de M. Besson.

Je vous prie d'agréer, etc., etc.

Signé : Bonnaud.

NOTE VI

Lettre de congédiement du capitaine du *Saint-Germain*.

Paris, le 11 décembre 1883.

Monsieur l'agent principal de la Compagnie générale transatlantique du Havre.

Monsieur,

La question de l'abordage du *Saint-Germain* avec le *Woodburn* ayant été, à l'occasion du procès auquel cet événement a donné lieu en Angleterre, l'objet d'un nouvel examen, le Conseil, après avoir émis l'avis que cet abordage eût été évité si M. Bonnaud s'était conformé aux dispositions des règlements et instructions de la Compagnie, a décidé qu'il y avait lieu de nous priver à l'avenir du concours de ce capitaine.

Nous vous chargeons de notifier immédiatement cette décision à M. le capitaine Bonnaud, en l'informant que vous tenez à sa disposition le montant de ses appointements jusqu'au 31 décembre courant inclus.

En lui faisant cette notification vous voudrez bien en même temps lui déclarer que la Compagnie fait *toutes réserves à raison de son recours contre lui* pour les dommages auxquels l'abordage du *Saint-Germain* avec le *Woodburn* a donné lieu.

Agréez, Monsieur, nos salutations empressées ;

Pour la Compagnie générale transatlantique :

Le Président,   *Le Vice-Président,*

Signé : Péreire.   *Signé :* Cloquemin.

Pour copie conforme :

L'agent principal de la Compagnie,

Signé : P. Vial.

NOTE VII

Copie d'une dépêche ministérielle adressée au chef de service de la marine au Havre.

SERVICES ADMINISTRATIFS

INSCRIPTION MARITIME

ABORDAGE ENTRE LE *SAINT-GERMAIN* ET LE *WOODBURN*.

Il n'y pas lieu de donner suite à la proposition qui a été faite de modifier le règlement sur les abordages.

Paris, le 13 décembre 1883.

Monsieur le Commissaire général,

J'ai soumis à la Commission supérieure des naufrages le dossier d'enquête relatif à l'abordage survenu dans la Manche, le 26 août dernier, entre le paquebot *Saint-Germain*, que commandait M. le lieutenant de vaisseau Bonnaud (Henri), et le navire anglais *Woodburn*, remorqué par le *Recovery*. Ce dossier accompagnait votre lettre du 10 novembre 1883 (n° 526).

En ce qui concerne l'abordage, la Commission a émis l'avis « qu'il a été occasionné par la fausse manœuvre de l'officier de « quart du *Saint-Germain* et qu'il y a lieu *d'exonérer de toute res-* « *ponsabilité* à cet égard le capitaine du paquebot, M. le lieutenant « de vaisseau Bonnaud, dont la *conduite* dans ce sinistre a été *digne* « *d'éloges* ».

J'ai adopté cet avis et je vous prie de notifier ma décision à cet officier, en lui donnant connaissance des conclusions de la Commission.

D'autre part, la Commission supérieure avait été invitée à exprimer son opinion sur l'opportunité de la modification au règlement sur les abordages, proposée par les membres de la Commission locale du Havre, dans leur rapport relatif à cette affaire...

Elle s'est exprimée à ce sujet dans les termes suivants :

« La Commission d'enquête a, *dans son rapport, exprimé le désir*
« *de voir* compléter le règlement par un article additionnel qui assi-
« milerait, au point de vue des règles relatives à la route, le groupe
« formé par un navire remorqué et son remorqueur à un bâtiment
« qui n'est pas manœuvrable et ne peut se garer, tel que celui dont il
« est question à l'article 5.

« La Commission supérieure des naufrages ne saurait partager
« cette manière de voir : elle estime que les prescriptions du règle-
« ment ne laissent place à aucun doute, que les règles imposées aux
« vapeurs naviguant isolément doivent s'appliquer également aux
« vapeurs remorqueurs, et qu'il serait dangereux de compliquer
« un code dont l'application est déjà fort délicate, en créant au profit
« d'une catégorie de navires une immunité que rien ne saurait
« justifier et dont on pourrait abuser. »

« En conséquence, la Commission supérieure émet l'avis qu'il
« n'y a pas lieu de donner suite aux propositions de la Commission
« locale du Havre en ce qui concerne les modifications à apporter
« au règlement sur les abordages. »

Je partage cette manière de voir et je vous prie d'en informer les
auteurs de la proposition.

Recevez, etc., etc.....

Signé : amiral PEYRON.

Pour copie conforme :

Havre, le 15 décembre 1883.

Le commissaire de l'Inscription Maritime

Signé : LE JOLIS.

NOTE VIII

Extrait du règlement de la Compagnie transatlantique.

ARTICLE 62. — Le lieutenant de quart, dans les cas imprévus, fait
prévenir le capitaine et prend immédiatement les mesures qu'il juge
nécessaires ; il est responsable jusqu'à l'arrivée du capitaine des

mesures que, dans ces circonstances, il a ordonnées et des conséquences qui résulteraient de sa négligence à prendre les dispositions
qui seraient nécessaires.

Article 94. — Le lieutenant de quart ne peut changer la route
donnée. — Si, par une cause quelconque, il était forcé de s'en écarter, il en avertirait immédiatement le capitaine.
Il fait jeter le loch toutes les heures.

Article 101. — Les lieutenants de quart doivent se pénétrer du
décret du 4 novembre 1879 sur les feux réglementaires et manœuvrer suivant les règles établies par ce décret toutes les fois
qu'ils rencontrent de nuit des navires.

Article 380. — Le capitaine et le second capitaine ne doivent
jamais s'absenter du bord en même temps; ils doivent être alternativement sur le pont, jour et nuit, lorsque le navire se trouve *dans
des parages dangereux.*

TABLE DES MATIÈRES

Pages.

CONCLUSIONS

NOTES COMPLÉMENTAIRES

FIN DE LA TABLE DES MATIÈRES.

10307. — Imprimerie Générale A. Lahure, rue de Fleurus, 9, à Paris.

www.ingramcontent.com/pod-product-compliance
Lightning Source LLC
LaVergne TN
LVHW052156050726
842523LV00017B/378